Fie und Bente Lavsen

Taschen-Träume

Stricken, häkeln
und verfilzen

„Warum schreibst du nicht ein Buch ...?“ fragte mein Mann.
„Ich weiß nicht, wie man das macht“, antwortete ich.
„Ich helfe dir“, sagte meine Tochter Fie.
Und hier sehen Sie das Ergebnis!

Taschen zu stricken und zu häkeln ist eine echte Leidenschaft von mir, und eine gute Idee bringt einen auf die nächste, denn ich denke mir gern etwas Neues aus. Vor drei Jahren entstand meine erste Tasche eigentlich aus einer Mütze. Ich hatte die Idee, die Mütze umzudrehen und ihr Riemen anzusetzen. Und schon hatte ich eine Tasche.

Es macht großen Spaß, Taschen selbst zu gestalten – warten Sie nur, bis Sie einmal damit angefangen haben. Wenn man eine Tasche strickt, geht es nicht nur einfach darum, zu stricken, es geht darum, seine Fantasie einzusetzen und dabei auch andere Materialien zu verwenden: eine alte Halskette für den Riemen, ein altes Telefonkabel, das um den Riemen gewickelt wird, einen Lochstein als Knopf und so weiter ...

Not macht Frauen erfinderisch!

Wenn Sie einen Knopf brauchen, aber keinen in der passenden Größe finden, dann überlegen Sie, ob Sie etwas anderes zweckentfremden können. Schauen Sie in den Werkzeugkasten, ob dort vielleicht ein Beschlag oder etwas anderes Interessantes, Verwendbares liegt. Es muss nicht neu sein und ein Vermögen kosten. Ich garantiere Ihnen, dass Ihre Tasche auffallen wird, weil sie sich von anderen unterscheidet!

Sie müssen den Anleitungen in diesem Buch nicht akribisch folgen. Lassen Sie sich von ihnen inspirieren und sehen Sie einfach, was dann passiert.

Es war sehr viel Arbeit, dieses Buch zu schreiben, aber Dank der guten Unterstützung meiner kritischen Tochter habe ich es geschafft. Sie hat meine Anleitungen so verändert und umgeschrieben, dass sich die Projekte selbst für Anfänger eignen.

Also, stricken oder häkeln Sie eine Tasche, bevor es Ihre Freundinnen vor Ihnen tun!

Bente Lavsen

Strickmuster und Abkürzungen

GLATT RECHTS
Hinreihe rechts und Rückreihe links.
Immer mit einer rechten Masche beginnen.

KRAUS RECHTS
Hinreihe rechts und Rückreihe rechts.
So entsteht ein geripptes Maschenbild.

PERLMUSTER
Hinreihe: 1 rechts, 1 links
Rückreihe: versetzt stricken, links über rechts und rechts über links.
Abfolge der Rückreihe wiederholen.

ZUNEHMEN VON DER RECHTEN SEITE
Eine Masche rechts stricken, jedoch nicht von der linken Nadel gleiten lassen, sondern noch einmal in das hintere Maschenglied derselben Masche einstechen und auf diese Weise eine weitere Masche rechts stricken = 2 Maschen
Wenn die Anzahl der Reihen zwischen den Zunahmen gezählt wird, rechnet man diese Reihe auch mit. Alle Zunahmen werden also von der rechten Seite ausgeführt.

ALLGEMEINE ABKÜRZUNGEN
Fb = Farbe(n)
Hinr = Hinreihe
Rückr = Rückreihe
wdh = wiederholen

STRICKABKÜRZUNGEN
M = Masche(n)
R = Reihe(n)
str = stricken

HÄKELABKÜRZUNGEN
fM = feste Masche(n)
Km = Kettmasche(n)
Lm = Luftmasche(n)
Rd = Runde(n)
Stb = Stäbchen

Hinweis: Die meisten Taschen werden in einem Stück gestrickt oder gehäkelt und dann in der Mitte zusammengelegt. D.h. die Tasche wird an zwei Stellen genäht: an einer Seite und am Boden der Tasche.

Die angegebenen Maße sind immer Richtwerte.

Die Anleitung vor Beginn am besten ganz durchlesen.

Gehäkelte Blüten

BLÜTE AUS LUFTMASCHEN

8 Lm häkeln und daraus mit 1 Km einen Ring bilden. Alle Rd mit einer Km abschließen.
1. Rd: 14 fM im Ring häkeln
2. Rd: *8 Lm, 1 fM in die nächste M. Ab * 13 x wdh.

BLÜTE AUS STÄBCHEN

8 Lm häkeln und daraus mit 1 Km einen Ring bilden. Alle Rd mit einer Km abschließen.
1. Rd: 3 Lm, 2 Stb im Ring, *7 Lm, 3 Stb im Ring. Ab * 6x wdh und mit 7 Lm abschließen = 7 Lm-Bögen am Ende der Rd.
2. Rd: *1 fM im mittleren Stb, 9 Stb im Lm-Bogen. Ab * wdh.

Die Blüte lässt sich einfach ändern:
Eine kleinere Blüte: 1. Rd: 5 Bögen, 2. Rd: 9 Stb in den Lm-Bögen.
Eine größere Blüte: 2. Rd: doppeltes Stb in den Lm-Bögen.
Oder evtl. 3 Rd mit fM.

STERNBLÜTE

8 Lm häkeln und daraus mit 1 Km einen Ring bilden. Dann 2 Lm, 2 Stb im Ring *3 Lm, 1 fM in der ersten Lm, 3 Stb. Ab * 4x wdh. Die Rd mit 3 Lm, 1 fM in der ersten Lm beenden. Mit 1 Km in der 2. Lm schließen = 5 Spitzen.

SEEROSEN

8 Lm häkeln und daraus mit 1 Km einen Ring bilden. Alle Rd mit einer Km abschließen.
1. Rd: 3 Lm, 17 Stb im Ring.
2. Rd: *5 Lm, 2 Stb überspringen, 1 fM in die vordere Kette des nächsten Stb.
Ab * wdh = 6 Lm-Bögen.
3. Rd: 1 fM, 4 Stb, 1 fM in jeden Bogen.
4. Rd: *7 Lm, 1 fM in die hinterste Kette derselben M, genauso wie die Bögen in der 2. Rd gehäkelt wurden. Ab * wdh = 6 Lm-Bögen.
5. Rd: 1 fM, 2 Stb, 2 doppelte Stb und 1 fM in jeden Bogen.
6. Rd: *8 Lm, 1 fM zwischen den Bögen der 4. Rd. Ab * wdh = 6 Lm-Bögen.
7. Rd: 1 fM, 2 Stb, 3 doppelte Stb, 2 Stb, 1 fM in jedem Bogen.
8. Rd: *9 Lm. 1 fM in den fM zwischen den Bögen der 6. Rd. Ab * wdh = 6 Lm-Bögen.
9. Rd: 1 fM, 2 Stb, 4 doppelte Stb, 2 Stb, 1 fM in jeden Bogen.

Das Material

Seien Sie mutig und experimentieren Sie mit dem Material. Testen Sie andere Wolle, Qualitäten und Farben. Natürlich enthält die Materialliste die genauen Wolleangaben der von der Autorin verwendeten dänischen Garne für die abgebildeten Taschen. Die Bezugsmöglichkeiten haben wir für Sie auf Seite 79 zusammengestellt. Sie können die Taschen aber genauso schön aus dem Garn stricken oder häkeln, das wir als vergleichbare Alternative für Sie ausgesucht haben, wenn das für Sie einfacher ist.

Hinweis: Fertigen Sie auf jeden Fall eine Filzprobe an, besonders dann, wenn Sie nicht das Originalgarn verwenden!
Stricken Sie dafür ein ca. 12 cm x 12 cm großes Probestück mit den angegebenen Nadeln und markieren Sie mit kontrastfarbenem Baumwollgarn einen 10 cm x 10 cm großen Bereich. Diese Maschenprobe filzen Sie nun in der Waschmaschine unter den gleichen Bedingungen wie später die fertige Tasche. Ziehen Sie die Probe kräftig in Form und lassen Sie sie trocknen. Messen Sie den markierten Bereich aus und vergleichen Sie mit den angegebenen Maßen. Nur mit der Filzprobe sind Sie vor unliebsamen Überraschungen beim Verfilzen sicher!

Aus Ihrer verfilzten Maschenprobe können Sie beliebige Formen, wie z. B. ein Herz, eine Blume usw. ausschneiden und als Deko, Anhänger oder Accessoire für Ihre Tasche verwenden. Spielen Sie einfach ein bisschen mit den Qualitäten und Sie werden sehen ... Ebenso verhält es sich mit den angegebenen Accessoires. Sie sind alle beziehbar. Doch möglicherweise gibt es etwas in Ihrem Werkzeug- oder Besteckkasten, das sich mindestens genauso gut eignet, ebenso hübsch aussieht und sogar etwas über Sie erzählt.

Hinweis: Die in den Anleitungen angegebenen Maße sind immer die Maße nach dem Verfilzen.

Damit das Garn verfilzt werden kann, sollte es am besten aus reiner Wolle sein. Superwash-Wolle kann nicht verwendet werden! Naturfarbene Garne werden dabei generell fester und enger als gefärbte Wollgarne. Lose gesponnenes Garn filzt mehr. Das Gestrickte ist dann fast nicht mehr zu erkennen.Fest gesponnenes Garn filzt weniger. Das Gestrickte kommt deutlicher zum Vorschein.
Es ist primär nicht so wichtig, gleichmäßig fest zu stricken. Die Tasche wird sich so weit zusammenziehen, wie auch das Garn einläuft! Deshalb kommt es nicht unbedingt so darauf an, gleichmäßig zu stricken. Nachdem die Tasche verfilzt worden ist, lassen sich eventuelle Unebenheiten nicht erkennen. Bei manchen Taschen ist auch nicht mehr zu erkennen, dass sie zuvor gestrickt worden sind. Bei anderen kommt das Gestrickte deutlich zum Vorschein – mehr auf der rechten als auf der linken Seite. Also je nachdem, welche Seite am besten gefällt, wird diese dann nach außen gedreht.
Es macht Spaß, Taschen und andere Dinge zu verfilzen. Aber unabhängig davon, ob sie verfilzt werden oder nicht, sollte alles genau passen. Zum Glück ist eine Tasche ein überschaubares Projekt, das später ganz individuell aussehen kann. Vor allem, da man nie weiß, wie sich das Garn und die Waschmaschine vertragen, denn Waschmaschinen waschen unterschiedlich.

Verfilzen in der Waschmaschine

Legen Sie die Tasche, die Riemen und evtl. die Blüten zusammen mit drei Tennisbällen und einem Esslöffel Waschpulver in die Waschmaschine. Wählen Sie das Kurzprogramm für 40°C.
Nehmen Sie die verfilzten Einzelteile nach dem Waschen aus der Maschine und ziehen Sie diese in Form. Dafür braucht man etwas Zeit. Beachten Sie, dass es sich bei den angegebenen Maßen um Richtwerte handelt. Ziehen Sie die Riemen lang und bringen Sie die Blüten in Form.
Legen Sie die Einzelteile zum Trocknen aus. Rundgeformte Taschen werden von innen mit zusammengeknülltem Zeitungspapier gefüllt, flache Taschen sollten liegend getrocknet werden.

Wenn Sie häufig in der Waschmaschine verfilzen, sollten Sie daran denken, von Zeit zu Zeit Ihr Flusensieb zu reinigen.

Normalerweise schrumpfen die Teile um ca. 30%, das sind jedoch nur Anhaltswerte. Führen Sie vor dem Stricken auf jeden Fall eine Filzprobe durch!

Zwei gleiche Taschen, die in unterschiedlichen Waschmaschinen gewaschen werden, sehen später nicht unbedingt auch gleich aus. Wir empfehlen, die Taschen bei 40°C zu verfilzen. Falls sie dann noch nicht genug verfilzt sind, lassen sie sich immer noch ein zweites Mal verfilzen. Dadurch werden sie noch ein bisschen fester. Stellen Sie beim ersten Mal lieber eine niedrige Temperatur ein und verfilzen Sie dann die Taschen gegebenenfalls noch einmal. Manche Garne vertragen 60° C, aber damit riskiert man unter Umständen, dass das Gestrickte zu klein und zu fest wird. Taschen, die bei 60°C (oder zweimal bei 40°C) verfilzt werden, lassen sich gut „modellieren" oder in die gewünschte Form ziehen.
Manche Garne sind nach dem Verfilzen schöner, weicher und flauschiger. Wenn sie anschließend noch mit einer Stahlbürste bearbeitet werden, sehen sie noch flauschiger aus.
Nimmt man zwei ganz verschiedene Garne zusammen, lassen sich sehr interessante Ergebnisse erzielen. z. B. wenn Wolle mit Baumwolle gemischt wird und die Wolle einläuft, die Baumwolle aber nicht. Vor dem Verfilzen lässt sich kaum sagen, was hinterher dabei herauskommen wird. Das sieht man erst, wenn das Gestrickte einmal in der Waschmaschine gewesen ist. Aber legen Sie einfach los und schauen Sie, was passiert! Hinterher sieht es fast immer gut aus ...

Futter

Manchmal ist es notwendig und sinnvoll, in eine gehäkelte Tasche ein Futter einzusetzen, wenn sie z. B. ein Lochmuster hat. Aber auch bei anderen Taschen kann es vorteilhaft sein, sie zu füttern. Es hält das Verfilzte zusammen und außerdem lassen sich so auch innen noch Taschen einsetzen. Im täglichen Gebrauch ist es zudem angenehmer, wenn die Tasche ein Futter hat.

So geht es

Den Futterstoff doppelt übereinander schlagen. Die verfilzte Tasche flach obenauf legen und mit einer Stecknadel am Futter befestigen. Das Futter mit 5 mm Nahtzugabe über der Tasche abschneiden. Die Seiten und den Boden mit der Maschine im Zick-Zack-Stich zusammennähen. Die obere Kante nach links umlegen und das Futter innen mit kleinen Überwendlingsstichen bzw. mit kleinen Schlingen annähen.

Tasche mit Perlenschließe

→ raffiniertes Glasperlenspiel

GRÖSSE
34 cm hoch
29 cm breit (oben)
44 cm breit (unten)

MATERIAL
Beim Original werden mehrere Fäden zusammen verarbeitet, bei der Alternative ergibt sich eine vergleichbare Optik durch das mehrfarbige Garn.

ORIGINAL
- 100 g Schafwolle Fb 16 (Filcolana)
- 100 g Schafwolle Fb 959 (Filcolana)
- 50 g dünne Baumwolle in Hellgrün
- 50 g bunte dünne Multicolor-Baumwolle (Ib's)

ALTERNATIVE
- ca. 300 g Schachenmayr Alpaka Fashion in Schilf meliert (Fb171)

- 1 Paar Stricknadeln Nr. 9
- Häkelnadel Nr. 6
- ca. 85 mittelgroße Perlen
- 3 Messingquadrate mit Ausstanzung innen
- dünne, stabile, schwarze Schnur für die Perlen

Anleitung

TASCHE

Die Fäden aller Knäuel zu einem Strang zusammennehmen. 70 M anschlagen und 2 R Perlmuster str. Mit glatt rechts 20 R fortsetzen.
Ab der nächsten R wie folgt:
1 M an jeder 7. M zunehmen = 80 M. 8 R str.
1 M an jeder 8. M zunehmen = 90 M. 8 R str.
1 M an jeder 9. M zunehmen = 100 M. 8 R str.
1 M an jeder 10. M zunehmen = 110 M. 10 R str.
Alle M abketten.

RIEMEN

4 Lm häkeln, mit einer Km einen Ring bilden und 4 fM herum häkeln. Die Rd nicht beenden. Spiralförmig fortsetzen, bis der Riemen eine Länge von ca. 1 m hat.

Zusammenstellen

Die Tasche links auf links zusammenlegen. Die Seite und den Boden mit Überwendlingsstichen zusammennähen. Die Tasche von innen nach außen kehren. Die linke Seite ist nun außen.

Verfilzen

wie auf Seite 6 beschrieben.

Fertigstellen

PERLENKNOPF

Ein langes Stück Schnur zurechtschneiden. Zwei Perlen und ein Messingquadrat auf die Schnur ziehen. Beide Enden der Perlenschnur von der Außenseite her durch die Rückseite der Tasche führen (Zeichnung 1). Die Schnüre durch die Öffnung des zweiten Messingquadrates ziehen und dann an jedem Ende zwei Perlen einfädeln (Zeichnung 2). 2x gut verknoten. 6 Perlen auf jedes Schnurende aufziehen und dann wieder 2x gut verknoten (Zeichnung 3). Die Schnüre zwischen das dritte Messingstück führen und zwei Perlen auf jedes Schnurende aufziehen. 2x gut verknoten (Zeichnung 4). Die Enden abschneiden.

Den Riemen an jedem Ende mit zwei Reihen aus je 14 Perlen verlängern. Die Perlenschnüre festnähen, siehe Abbildung. Ca. 4 cm von oben ein Knopfloch in der Mitte der Taschenvorderseite einschneiden und den Perlenknopf hindurchziehen.

Taschen mit Lederband und Messing

→ belebt das Alltagsgrau

GRÖSSE
35 cm hoch
28 cm breit (oben)
40 cm breit (unten)

MATERIAL ORIGINAL
- 250 g Icelandic Wool (Grønhøj Garn)

ALTERNATIVE
- ca. 300 g Schachenmayr Alpaka in Kiesel (Fb 95)

- 1 Paar Stricknadeln Nr. 9
- Häkelnadel Nr. 5
- 7 Messingquadrate mit Ausstanzung oder 6-8 Messingbuchstaben
- ca. 2 m Lederband

Anleitung

TASCHE

70 M anschlagen und 2 R Perlmuster str. 20 R glatt rechts str.
Ab der nächsten R wie folgt:
1 M an jeder 7. M zunehmen = 80 M. 8 R str.
1 M an jeder 8. M zunehmen = 90 M. 8 R str.
1 M an jeder 9. M zunehmen = 100 M. 8 R str.
1 M an jeder 10. M zunehmen = 110 M. 10 R str.
Alle M abketten.

RIEMEN

4 Lm häkeln, mit einer Km einen Ring bilden und 4 fM herum häkeln. Die Rd nicht beenden. Spiralförmig fortsetzen, bis der Riemen eine Länge von ca. 1,50 m hat.

Zusammenstellen

Die Tasche links auf links zusammenlegen. Die Seite und den Boden mit Überwendlingsstichen zusammennähen. Die Tasche von innen nach außen kehren. Die linke Seite ist nun außen.

Verfilzen wie auf Seite 6 beschrieben.

Fertigstellen

Den Riemen 1 cm unterhalb des oberen Randes von außen annähen. Er wird in der Mitte fest angenäht, nicht ganz um den Rand herum. 4 cm darunter 6 Messingquadrate oder die Messingbuchstaben rundherum auf gleicher Höhe annähen.
Für die Messingquadrate-Tasche das Lederband in der Mitte zusammenlegen und einen Knoten binden, so dass eine Schlaufe entsteht. Das Lederband durch die Messingplättchen einmal ganz um die Tasche herum ziehen. Das Lederband durch die Schlaufe ziehen und dann ein Messingquadrat am Ende des Bandes festbinden.

Für die Buchstaben-Version das Lederband in der Mitte doppelt zusammenlegen und es durch die Messingbuchstaben ziehen. Auf diese Weise entsteht eine andere Optik. Dann einen Messingbuchstaben an das Ende des Lederbandes binden.

Tasche mit Telefonhörerschnur

→ sorgt für großes Hallo!

GRÖSSE
32 cm hoch
29 cm breit (oben)
39 cm breit (unten)

MATERIAL ORIGINAL
- 100 g Schafwolle Fb 214 (Filcolana)
- 100 g Schafwolle Fb 961 (Filcolana)
- 50 g Wolle in Grün meliert (Ib's)

ALTERNATIVE
- ca. 250 g Schachenmayr Ecologico in Kamel-Mocca mouliné (Fb 85)
- 1 Paar Stricknadeln Nr. 9
- Häkelnadel Nr. 6
- ca. 2 m Telefonhörerschnur, mit Stoff umwickelt
- 2 Messingplättchen mit Ausstanzung

Anleitung

TASCHE

Je einen Faden von allen Knäueln zu einem Strang zusammennehmen. 70 M anschlagen und 2 R Perlmuster str. 20 R in glatt rechts fortsetzen.
In den nächsten R wie folgt:
1 M an jeder 7. M zunehmen = 80 M. 8 R str.
1 M an jeder 8. M zunehmen = 90 M. 8 R str.
1 M an jeder 9. M zunehmen = 100 M. 8 R str.
1 M an jeder 10. M zunehmen = 110 M. 10 R str.
Alle M abketten.

RIEMEN

4 Lm häkeln, mit einer Km einen Ring bilden und 4 fM herum häkeln. Die Rd nicht beenden. Spiralförmig fortsetzen, bis der Riemen eine Länge von ca. 1,50 m hat.

Zusammenstellen

Die Tasche links auf links zusammenlegen. Die Seite und den Boden mit Überwendlingsstichen zusammennähen. Die Tasche von innen nach außen kehren. Die linke Seite ist nun außen.

Verfilzen

wie auf Seite 6 beschrieben.

Fertigstellen

Ein Knopfloch ca. 4 cm von oben in der Mitte der Taschenvorderseite einschneiden.
Einen Knopf bilden, indem eines der beiden Messingplättchen auf ein Stück Telefonhörerschnur (ca. 25 cm) gezogen wird. Ein Loch auf der Rückseite der Tasche einstechen, so dass es mit dem Knopfloch zusammenpasst.
Beide Enden der Telefonhörerschnur von der Innenseite her durch das Loch ziehen und es an der Außenseite zusammen mit einem Messingplättchen fest annähen.
Den Riemen durch die restliche Telefonhörerschnur ziehen und ihn an den Seiten der Tasche gut festnähen.

Umhängetasche mit Blüte

→ schließt durch die Blume

GRÖSSE
34 cm hoch
33 cm breit (oben)
46 cm breit (unten)

MATERIAL ORIGINAL
- 300 g Schafwolle in Grau (Filcolana)

ALTERNATIVE
- 300 g Schachenmayr Alpaka in Marmor (Fb 91)

- 1 Paar Stricknadeln Nr. 3
- Häkelnadel Nr. 3
- 5 Messingbuchstaben

VORLAGE
Seite 78

Anleitung

TASCHE (2x stricken)
26 M anschlagen und 47 cm glatt rechts str. Danach am Anfang jeder R 1 M zunehmen, bis 60 M auf der Nadel sind. Das ist eine Seite des Riemens.
Am Anfang der nächsten 2 R 25 neue M anschlagen = 110 M.
Mit glatt rechts fortsetzen und 1 M am Anfang und am Ende jeder 20. R zunehmen, bis 120 M auf der Nadel sind.
Dann weiter str, bis die Tasche eine Höhe von 42 cm hat (abzüglich der Riemenlänge). Abketten.

BLÜTE
40 M anschlagen und 50 R glatt rechts str. Abketten.
Dieses Viereck wird auch verfilzt und später zu einer Blüte zurechtgeschnitten.
Siehe Vorlage auf Seite 78.

Zusammenstellen

Die Kanten von links zusammenhäkeln. Die linke Seite ist jetzt außen.
68 fM mittig vorne häkeln, 68 fM mittig hinten und 120 fM im Boden.
Die Enden der zwei Riemen mit 26 fM zusammenhäkeln.

Verfilzen wie auf Seite 6 beschrieben.

Dieses Modell neigt dazu, sich zu verziehen. Es braucht etwas Zeit, es in die richtige Form zu bringen. Die Tasche zum Trocknen flach hinlegen.

Fertigstellen

Die Blüte nach der Schablonenvorlage auf Seite 78 ausschneiden. Diese auf die Mitte der Taschenvorderseite aufnähen. Die Blüte so festnähen, dass sich die Blätter bewegen können. Die zwei oberen Blütenblätter etwas fester annähen, da durch sie das Knopfloch hindurch geschnitten wird.
Ein Knopfloch von ca. 2 cm Länge in jedes der oberen Blütenblätter einschneiden. Zwei der Buchstaben fest in die Innenseite der Tasche einnähen, so dass sie durch das jeweilige Knopfloch passen. Die drei übrigen Buchstaben als Verzierung auf die Blüte aufnähen.

Tipp: Die Taschenöffnung kann ein bisschen „flattern“. Dann einen stärkeren Faden in den oberen Taschenrand ziehen, dadurch wird die Öffnung ein wenig gerafft.

O
D
R
R

Häkeltasche

→ luftige Romantik

GRÖSSE
34 cm hoch, 23 cm breit (oben), 34 cm breit (unten)

MATERIAL
ORIGINAL
- ca. 120 g Mischgarn in Naturweiß/Hellgelb/Hellblau: 1 Faden = 1 Faden Bouclewolle, 1 Faden Stikuld (unbehandelt und naturfarben) zwei Fäden dünnes Mohair (Ib's)

ALTERNATIVE
- ca. 200 g Schachenmayr Wash+Filz-it! in Weiß (Fb 02)
- Häkelnadel Nr. 7
- ca. 1 m Lederriemen
- 2 Schäkel
- 4 Drucknieten
- Stoff für das Futter
- Geschirrhandtuch

Anleitung

49 LM häkeln und 48 fM zurück.
Insgesamt 3 R fM häkeln und an jeder R mit 1 LM wenden.
Mit 1 Km einen Ring bilden und mit Lm-Bögen weiterhäkeln.
1. Rd: *4 Lm, 2 M überspringen, 1 fM. Ab * wdh.
Achtung: Die Rd wird nicht mit einer Km abgeschlossen, einfach fM im Lm-Bogen weiterhäkeln.
2.-6. Rd: 4 Lm und 1 fM im Bogen.
7.-12. Rd: 5 Lm und 1 fM im Bogen.
13.-18. Rd: 6 Lm und 1 fM im Bogen.
19. Rd: 4 fM in jedem Bogen.
20.-21. Rd: fM.

Zusammenstellen

Den Boden mit fM in der hintersten Kette zusammenhäkeln. Daran denken, die drei obersten R fM oben zusammenzunähen.
Ein zusammengefaltetes Geschirrhandtuch in die Tasche legen. Dieses mit Nähgarn in großen Stichen festheften. Dadurch behält das Muster der Tasche beim Verfilzen seine Form.

Verfilzen wie auf Seite 6 beschrieben.

Das Geschirrhandtuch nach dem Verfilzen entfernen und die Tasche zurecht ziehen. Die Tasche zum Trocknen auslegen.

Fertigstellen

Wenn die Tasche trocken ist, das Futter einnähen, wie auf Seite 11 beschrieben. Darauf achten, dass der Stoff auf beiden Seiten hübsch aussieht, da er beidseitig zu sehen ist.
Die Schäkel gut in jede Seite der Tasche befestigen.
Den Lederriemen mit den Drucknieten fest an den Schäkeln anbringen.

Tasche mit Klappe

→ verkabeltes Einzelstück

GRÖSSE
21 cm hoch, 27 cm breit (oben), 33 cm breit (unten)

MATERIAL ORIGINAL
- 100 g Opal (Filcolana)
- 150 g Mischgarn: 1 Faden = 4 Fäden Wolle/Baumwolle (Ib's)

ALTERNATIVE
- ca. je 100 g Schachenmayr Wash+Filz-it! in Weiß (Fb 02) und Stahl (Fb 21)

- ca. 4 m passendes Baumwollband
- ca. 4 m dünnes, schwarzes Kabel
- 1 runde Perle
- 1 große ovale Glasperle
- 1 Paar Stricknadeln Nr. 10
- Häkelnadel Nr. 5

Anleitung

Mit der Klappe beginnen: 5 M mit 1 Faden Mischgarn und 1 Faden Opal bzw. Fashion Trend Charme 4316 anschlagen und glatt rechts str.
Am Anfang jeder R 1 M zunehmen, bis insgesamt 32 M auf der Nadel sind.
4 R str.
16 M am Anfang der nächsten 2 R anschlagen = 64 M auf der Nadel.
16 R str.
Gleichmäßig verteilt 10 M zunehmen. 8 R str.
Das Garn dann mit 2 Fäden Opal/Fashion Trend Charme 4325 austauschen.
4 R str.
Gleichmäßig verteilt 12 M zunehmen. 8 R str.
Gleichmäßig verteilt 14 M zunehmen = 100 M. 6 R str.
Abketten.

Zusammenstellen

Die Tasche von links mittig mit 2 Fäden Opal/Fashion Trend Charme zusammenhäkeln, unten beginnen und ca. 24 fM häkeln.
14 fM entlang des linken oberen Randes weiterhäkeln.
Danach 18 fM entlang der einen Seite der Klappe, 3 fM in der Ecke, 3 fM in der Mitte der Klappe, 3 fM in der Ecke, 18 fM entlang der anderen Seite der Klappe, 14 fM entlang des rechten oberen Randes.
Mit 1 Km in der Mitte des oberen Randes abschließen.
Die Tasche am Boden mit Überwendlingsstichen von rechts zusammennähen. Die Tasche von innen nach außen kehren, so dass die linke Seite nun außen ist.

Verfilzen

wie auf Seite 6 beschrieben.

Riemen

Aus dem Baumwollband und dem dünnen Kabel 120 Lm häkeln.

Fertigstellen

Ca. 3 cm oberhalb der Spitze der Klappe ein Knopfloch einschneiden.

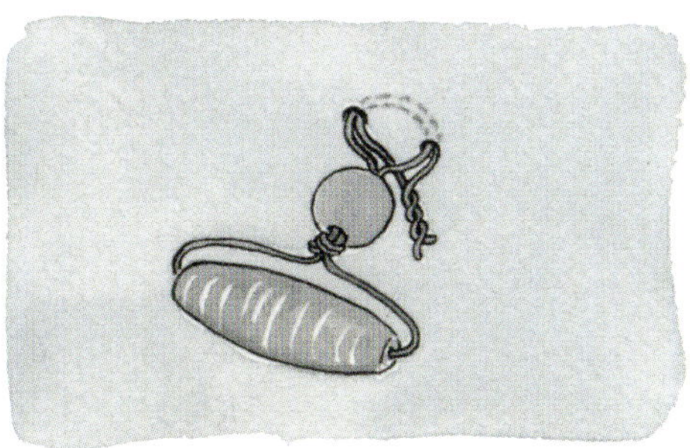

Aus den 2 Perlen und einem kleinen Stück Schnur einen Knopf arbeiten (Zeichnung).
Den Knopf an der Tasche festnähen, so dass er durch das Knopfloch passt.

Den Riemen an jeder Seite der Tasche fest annähen. Als Verzierung ein kleines Stück des Kabels heraushängen lassen.

Kleine Tasche mit flexiblem Plastikrohr

→ eine helle Freude

Anleitung

TASCHE
54 M anschlagen und 2 R Perlmuster str. Glatt rechts fortsetzen. *In jeder 8. R gleichmäßig verteilt 7 M zunehmen. Ab * 2x wdh = 75 M. 8 R str. Abketten.

RIEMEN (2x stricken)
40 M anschlagen und 2 R rechts str. Abketten.

Zusammenstellen

Die Tasche links auf links zusammenlegen und die Seite und den Boden mit Überwendlingsstichen zusammennähen. Die Tasche von innen nach außen kehren. Die linke Seite ist nun außen.

Verfilzen

wie auf Seite 6 beschrieben.

Fertigstellen

Die Riemen jeweils durch eines der Plastikrohre ziehen und an jeder Seite der Tasche innen ca. 3 cm fest annähen. Die Knöpfe auf der Rückseite in der Mitte der Tasche annähen: jeweils einen großen und einen kleinen Knopf zu einem Doppelknopf übereinander legen und von außen und innen am rückwärtigen Teil gegengleich festnähen (Zeichnung). Vorn in der Tasche ein Knopfloch einschneiden, so dass die Knöpfe hindurch passen.

GRÖSSE
18 cm hoch, 19 cm breit (oben), 26 cm breit (unten)

MATERIAL ORIGINAL
- 125 g (7 Fäden) naturweiße Wolle/ Baumwolle (Ib's)

ALTERNATIVE
- ca. 150 g Schachenmayr Wash+Filz-it! in Weiß (Fb 02)

- Häkelgarn in Stärke 10 als Beilaufgarn
- 1 Paar Stricknadeln Nr. 8
- 2 x 20 cm flexibles Plastikrohr
- 2 Knöpfe, ø 35 mm
- 2 Knöpfe, ø 20 mm

Tasche mit gehäkeltem Band

→ für Ihre Schokoladenseite

Anleitung

TASCHE
70 M anschlagen und 2 R Perlmuster str.
Glatt rechts 20 R fortsetzen.
Ab der nächsten R wie folgt:
1 M in jeder 7. M zunehmen = 80 M. 8 R str.
1 M in jeder 8. M zunehmen = 90 M. 8 R str.
1 M in jeder 9. M zunehmen = 100 M. 8 R str.
1 M in jeder 10. M zunehmen = 110 M. 10 R str.
Alle M abketten.

SCHNUR-APPLIKATION
Die linke Seite nach außen wenden. An einer beliebigen Stelle der Tasche beginnen. Mit dem grauen Garn/Camel 1 fM in ein Maschenglied der Tasche häkeln, 1 Lm und danach 1 fM in ein Maschenglied häkeln. Diese Abfolge wdh und so auf der Außenseite der Tasche diagonal fortsetzen.

RIEMEN
Mit grauem Garn/Camel 100 Lm und 99 fM zurückhäkeln.

Zusammenstellen

Die Tasche links auf links zusammenlegen und die Seite und den Boden mit Überwendlingsstichen zusammennähen. Die Tasche von innen nach außen kehren. Die linke Seite ist nun außen. An der Oberseite der Tasche mit grauem Garn 1 R fM häkeln.

Verfilzen

wie auf Seite 6 beschrieben.

Fertigstellen

Den Riemen – so wie es Ihnen am besten gefällt – auf jeder Seite der Tasche annähen.

GRÖSSE
28 cm hoch
23 cm breit (oben)
38 cm breit (unten)

MATERIAL ORIGINAL
- 200 g Færogarn (Filcolana)
- ein Rest Grau für die Verzierung und den Riemen

ALTERNATIVE
- 200 g Schachenmayr Alpaka in Cuba (Fb 11, doppelt)
- 50 g oder Rest Schachenmayr Alpaka in Camel (Fb 04)

- 1 Paar Stricknadeln Nr. 8
- Häkelnadel Nr. 5

Tasche mit Knopf-Allerlei

→ lässig verspielt aber nicht zugeknöpft

GRÖSSE
19 cm hoch
18 cm breit (oben)
25 cm breit (unten)

MATERIAL
ORIGINAL
- 100 g Stikuld in Grau (Ib's)

ALTERNATIVE
- 100 g Schachenmayr Alpaka in Marmor (Fb 91)
- 4 große Knöpfe
- 27 Knöpfe in unterschiedlichen Größen
- 1 Paar Stricknadeln Nr. 3

Anleitung

TASCHE (2x stricken)
Glatt rechts str.
50 M anschlagen.
Je 1 M in jeder 10. R auf beiden Seiten zunehmen, bis 60 M auf der Nadel sind. Str bis die Tasche eine Höhe von 24 cm hat.
Abketten.

RIEMEN (2x stricken)
12 M anschlagen und 40 cm glatt rechts str.
Abketten.

Zusammenstellen

Die Taschenteile rechts auf rechts zusammenlegen und die Seiten und den Boden mit Rückstichen zusammennähen. Die Tasche von innen nach außen kehren. Die rechte Seite ist nun außen.

Verfilzen

wie auf Seite 6 beschrieben.

Fertigstellen

Die Riemen an jeder Seite der Tasche 2 cm von oben und im Abstand von 4 cm von den Seiten fest annähen. Dann auf jeder Seite der Riemen oben vier große Knöpfe annähen.
Zum Schluss die restlichen Knöpfe – kleine und große gruppiert – rundherum auf die Tasche nähen.

Tasche mit Messingfischen

→ maritimer Look auf melierten Wellen

GRÖSSE

30 cm hoch
26 cm breit (oben)
36 cm breit (unten)

MATERIAL

ORIGINAL

- 100 g Schafwolle in Hellviolett
- 100 g Schafwolle in Grau (Filcolana)
- 50 g Multiacryl (Ib's)

ALTERNATIVE

- ca. 350 g Schachenmayr Wash+Filz-it! in Schoko (Fb 03)

- evtl. bunter Beilauffaden
- 1 Paar Stricknadeln Nr. 10
- Häkelnadel Nr. 5
- 3 Messingknöpfe
- 3 Messingfische

Anleitung

TASCHE

Mit der Klappe beginnen: 1 Faden von jedem Garn zu einem Strang zusammennehmen.
10 M anschlagen und 2 R Perlmuster str.
Glatt rechts fortsetzen. 2 R str.

Knopfloch: Die 4 mittleren M abketten und in der nächsten R 4 neue M anschlagen. Danach am Anfang jeder R eine Masche zunehmen, bis 30 M auf der Nadel sind. 2 R str.

Am Anfang der nächsten R 30 neue M anschlagen. 2 R lang 30 M Perlmuster oberhalb der neu angeschlagenen M und 30 M glatt rechts oberhalb der Klappenmaschen str.
Glatt rechts oberhalb aller M 20 R fortsetzen.
1 M in jeder 6. M zunehmen = 70 M. 8 R str.
1 M in jeder 7. M zunehmen = 80 M. 8 R str.
1 M in jeder 8. M zunehmen = 90 M. 10 R str.
Abketten.

RIEMEN

141 Lm häkeln und 140 fM zurückhäkeln.
140 fM entlang der anderen Seite der Lm-Reihen häkeln.

Zusammenstellen

Die Tasche links auf links zusammenlegen und die Seite und den Boden von rechts mit Überwendlingsstichen zusammennähen. Die linke Seite ist nun außen.

Verfilzen

wie auf Seite 6 beschrieben.

Fertigstellen

Den Riemen an jeder Seite der Tasche fest annähen. 1 Messingknopf über der Nahtstelle annähen.
2 Messingfische und 1 Knopf auf eine gehäkelte Schnur ziehen und als Knopf auf die Tasche nähen, so dass sie durch das Knopfloch der Klappe passen. Den letzten Fisch als Verzierung auf die Tasche aufnähen.

Tasche mit Lederband

→ dreifach geknöpft hält besser

GRÖSSE

22 cm hoch
27 cm breit (oben)
33 cm breit (unten)

MATERIAL ORIGINAL

- 50 g Hifa in Hellblau (Grønhøj Garn)
- 100 g Peru in Braun (Grønhøj Garn)
- 50 g Stikuld in Beige (Ib's)

ALTERNATIVE

- ca. 400 g Schachenmayr Ecologico in Anthrazit-Grau (Fb 88)
- evtl. Beilaufgarn in Hellblau
- 1 Paar Stricknadeln Nr. 8
- Häkelnadel Nr. 7
- ca. 2 m braunes Lederband
- 3 Knöpfe

Anleitung

TASCHE

1 Faden von jedem Garn zu einem Strang zusammennehmen.
Mit der Klappe beginnen.
8 M anschlagen und 2 R Perlmuster str.
Glatt rechts fortsetzen.
Am Anfang jeder R eine Masche zunehmen, bis 34 M auf der Nadel sind.
2 R str.
34 neue M am Anfang der nächsten R anschlagen.
2 R lang Perlmuster oberhalb der neu angeschlagenen 34 M str und glatt rechts oberhalb der M der Klappe = 68 M.
Glatt rechts fortsetzen.
20 R str, 1 M in jeder 6. M zunehmen = 79 M.
10 R str, 1 M in jeder 7. M zunehmen = 90 M.
6 R str. Abketten.

RIEMEN

Jeweils 2 Fäden von jeder Fb zu einem Strang zusammennehmen und damit eine Lm-Kette von ca. 1 m Länge häkeln.

Zusammenstellen

Die Tasche links auf links zusammenlegen und die Seite und den Boden von rechts mit Überwendlingsstichen zusammennähen. Die Tasche von innen nach außen kehren. Die linke Seite ist nun außen.

Verfilzen wie auf Seite 6 beschrieben.

Fertigstellen

Ein Knopfloch in die Spitze der Klappe einschneiden.
Drei Knöpfe, die zusammen einen Knopf bilden, so auf die Vorderseite der Tasche annähen, dass sie zusammen durch das Knopfloch passen.
Das Lederband bis zur Hälfte durch die Spitze der Klappe ziehen und es nach beiden Seiten mit Überwendlingsstichen am Rand der Klappe entlang annähen.
Aus dem restlichen Stück Lederband, das auf jeder Seite übrig ist, 6 weite Lm häkeln. Die Lederbandenden fest mit dem verfilzten Riemen zusammenbinden.

Tasche mit Gürtel und Perlenriemen

→ schick und geräumig

GRÖSSE
30 cm hoch
27 cm breit (oben)
39 cm breit (unten)

MATERIAL ORIGINAL
- 250 g Icelandic Wool (Grønhøj Garn)
- 50 g Salz und Pfeffer dünne Baumwolle (Ib's)
- 50 g Rosa (Ib's)

ALTERNATIVE
- ca. 350 g Schachenmayr Ecologico in Natur-Kamel mouliné (Fb 86)
- Häkelgarn Stärke 10 in Rosa als Beilaufgarn

- 1 Paar Stricknadeln Nr. 9
- Häkelnadel Nr. 5
- ca. 70 große Glasperlen in Rotgold
- ca. 70 kleine Glasperlen in Rotgold
- ca. 2,50 m dünne, stabile, schwarze Schnur für die Perlen

Anleitung

TASCHE

1 Faden von jedem Garn zu einem Strang zusammennehmen.
70 M anschlagen und 2 R Perlmuster str.
Mit glatt rechts 20 R fortsetzen.
Ab der nächsten R wie folgt:
1 M in jeder 7. M zunehmen = 80 M. 8 R str.
1 M in jeder 8. M zunehmen = 90 M. 8 R str.
1 M in jeder 9. M zunehmen = 100 M. 8 R str.
1 M in jeder 10. M zunehmen = 110 M. 10 R str.
Alle M abketten.

GÜRTELBAND

4 Lm häkeln, mit 1 Km einen Ring bilden und 4 fM herum häkeln. Die Rd nicht beenden. Spiralförmig fortsetzen, bis der Riemen eine Länge von ca. 1 m hat.

Zusammenstellen

Die Tasche links auf links zusammenlegen. Die Seite und den Boden mit Überwendlingsstichen zusammennähen. Die Tasche von innen nach außen drehen. Die linke Seite ist nun außen.

Verfilzen wie auf Seite 6 beschrieben.

Fertigstellen

Ein Ende von ca. 2,50 m stabiler Schnur gut verknoten.
Eine große Perle aufziehen und die Schnur ca. 1 cm unterhalb der oberen Kante von innen her durch eine Seite der Tasche ziehen. Eine kleine Perle auf die Schnur aufziehen, einen Knoten binden und abwechselnd eine kleine und eine große Perle aufziehen – dabei zwischen den einzelnen Perlen verknoten, bis der Riemen ca. 1 m lang ist.
Die Schnur auf der anderen Seite der Tasche nach innen ziehen, dann eine große Perle aufziehen und das Ganze gut verknoten.

PERLENSCHLAUFEN

12 kleine Perlen auf ein Stück Schnur ziehen und diese zu einem Ring zusammenbinden. Insgesamt 6 Ringe anfertigen. Die Ringe ca. 5 cm von oben fest an die Tasche nähen: einen Ring an jede Seite, zwei an die Vorderseite und zwei an die Rückseite.
Das gehäkelte Band durch die sechs Ringe ziehen und vorn an der Tasche einen Doppelknoten binden.

Viereckige Tasche

→ mit Ecken und Kanten

GRÖSSE
27 cm hoch
20 cm breit (oben)
20 cm breit (unten)

MATERIAL ORIGINAL
- 400 g Naturwolle in Schwarz (Hjertegarn)

ALTERNATIVE
- 400 g Schachenmayr Wash+Filz-it! in Schwarz (Fb 01)
- 1 Paar Stricknadeln Nr. 8
- Häkelnadel Nr. 4
- 1 langer Hornknopf
- ca. 35 cm Lederband

Anleitung

VORDER- UND RÜCKSEITE (2x stricken)
30 M anschlagen und 2 R Perlmuster str.
Glatt rechts fortsetzen. 72 R str und abketten.

SEITEN UND RIEMENSCHLAUFEN
2x stricken: 6 M anschlagen und 48 R Perlmuster str.
Die zwei Stücke zusammen auf die Nadel legen, aber zwischen den Teilen 3 neue M anschlagen (Zeichnung 1) = 15 M auf der Nadel.
Glatt rechts fortsetzen und 174 R str.
(72 R = ein Seitenstück der Tasche, 30 R = Boden der Tasche, 72 R = andere Seite der Tasche).
Die nächsten 6 M im Perlmuster. 9 M stilllegen.
48 R str. Abketten.
Zu den verbleibenden 9 M zurückgehen.
Die nächsten 3 M abketten.
Über den verbleibenden 6 M 48 R im Perlmuster str.
Abketten.

Zusammenstellen

Die Vorderseite der Tasche wird rechts auf rechts zusammengelegt, dabei liegt das Seitenteil direkt unter den Riemenschlaufen. Die linke Seite ist nun außen.
Von außen 72 fM am Taschenboden entlang häkeln. In der Ecke 3 fM häkeln. Entlang des Bodens 30 fM häkeln. In der Ecke 3 fM häkeln. Entlang der anderen Seite der Tasche 72 fM häkeln. Den Faden abschneiden.
Die Rückseite auf die gleiche Art und Weise behäkeln.
Die Tasche ist viereckig und hat zwei lose Henkel an jeder Seite.

Verfilzen wie auf Seite 6 beschrieben.

1

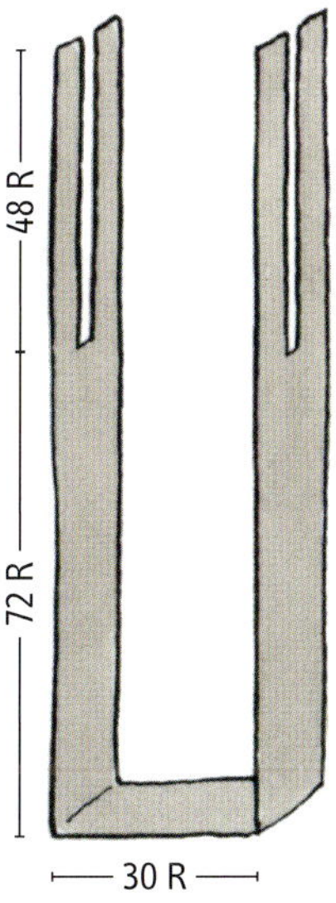

2

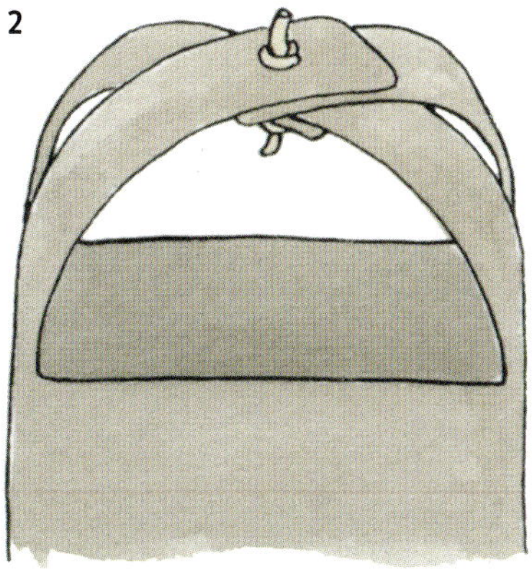

Fertigstellen

15 cm vom Lederband abschneiden und das eine Ende gut verknoten.
Die Riemen übereinander legen, so dass die letzten 4 cm am Ende ein Kreuz bilden (Zeichnung 2).
Durch alle vier Riemen, ca. 1 cm vom Ende, in die Mitte des Kreuzes ein großes Loch stechen.
Das Lederband durchziehen und am gegenüberliegenden Ende einen Knoten bilden.
Auf der Vorderseite der Tasche 4 cm von oben ein Knopfloch in die Mitte der Breite einschneiden.
Den Knopf auf der Innenseite der Taschenrückseite so anbinden, dass er durch das Knopfloch passt:
Den Knopf auf ein Stück Lederband ziehen. Auf der Taschenrückseite zwei Löcher im Abstand von 1 cm einstechen. Die Enden des Lederbandes von der Innenseite aus jeweils durch das entsprechende Loch ziehen. Die Enden mit einem Zimmermannsknoten auf der Außenseite zusammenbinden (Bild).

Tasche mit Aluminiumdraht

→ alles Alu was glänzt

GRÖSSE
24 cm hoch
20 cm breit (oben)
30 cm breit (unten)

MATERIAL ORIGINAL
- 200 g Naturwolle in Grau (Hjertegarn)

ALTERNATIVE
- ca. 300 g Schachenmayr Wash+Filz-it! in Stahl (Fb 21)

- 1 Paar Stricknadeln Nr. 9
- Häkelnadel Nr. 6
- ca. 5 m dünner Aluminiumdraht

Anleitung

TASCHE

60 M anschlagen und 2 R Perlmuster str.
14 R glatt rechts str.
Ab der nächsten R wie folgt:
1 M in jeder 6. M zunehmen = 70 M. 6 R str.
1 M in jeder 7. M zunehmen = 80 M. 6 R str.
1 M in jeder 8. M zunehmen = 90 M. 6 R str.
1 M in jeder 9. M zunehmen = 100 M. 6 R str.
1 M in jeder 10. M zunehmen = 110 M. 8 R str.
Abketten.

RÖCKCHEN

Die linke Seite nach außen drehen. Auf die 29. Maschengliedreihe 90 fM häkeln. Mit 1 Lm wenden. Danach *2 fM häkeln, 6 Lm, 1 M überspringen. Ab * wdh = 30 Lm-Bögen.

RIEMEN

Mit 2 Fäden lose ca. 110 Lm häkeln.

Verfilzen

wie auf Seite 6 beschrieben.

Zusammenstellen

RIEMEN ANBRINGEN

Jedes Ende des gehäkelten Riemens ca. 1 cm umlegen und mit Nähgarn so zusammennähen, dass sich eine kleine Schlaufe bildet.
6 Aluminiumdrähte auf eine Länge von ca. 40 cm zurechtschneiden. Jeweils 2 Drähte von ca. 20 cm zusammenflechten. 3-4 cm an jeder Seite lose heraushängen lassen. Das Geflochtene jeweils zwischen eine Schlaufe am Riemen ziehen. Dann ca. 2 cm von oben ein kleines Loch auf jeder Seite der Tasche stechen. Den geflochtenen Draht hindurchziehen und in der Mitte leicht zusammenbiegen. Die losen Enden zusammenbinden, so dass sich ein kleiner Knoten bildet (Bild oben).

ALUMINIUMBLÜTEN (2x anfertigen)

Ein Stück Aluminiumdraht ca. 8x um einen Finger wickeln. Das Drahtende hindurchziehen und rund herumwickeln, so dass die Ringe zusammengehalten werden. Ein kleines Stück Draht übrig lassen, mit dem später die Blüte an der Tasche befestigt wird.

Fertigstellen

Ca. 1,20 m Aluminiumdraht am Röckchen entlang durchziehen.
Die Blüten anbringen, indem die Drahtenden durch die Vorderseite der Tasche gezogen und dann an der Rückseite eingedreht werden, damit sie nicht herausrutschen.

Kleine Tasche mit Volants

→ für Kleinigkeiten oder Kieselsteine

GRÖSSE
22 cm hoch
21 cm breit (oben)
28 cm breit (unten)

MATERIAL
ORIGINAL
- 200 g Naturwolle in Naturweiß (Hjertegarn)
- 200 g Naturwolle in Braun (Hjertegarn)
- 200 g Naturwolle in Schwarz (Hjertegarn)

ALTERNATIVE
- je 200 g Schachenmayr Alpaka in Natur (Fb 02), Camel (Fb 04) und Schwarz (Fb 99, doppelt)

- 1 Paar Stricknadeln Nr. 8
- Häkelnadel Nr. 6
- 1 Lochstein

Anleitung

TASCHE

70 M mit Naturweiß anschlagen und 2 R Perlmuster str.
18 R glatt rechts str.
Ab der nächsten R wie folgt:
Gleichmäßig verteilt 7 M zunehmen = 77 M. 4 R str.
Zu Braun/Camel wechseln und gleichmäßig verteilt 7 M zunehmen = 84 M. 8 R str.
Gleichmäßig verteilt 7 M zunehmen = 91 M. 4 R str.
Zu Schwarz wechseln und 4 R str.
Gleichmäßig verteilt 7 M zunehmen = 98 M. 12 R str.
Abketten.

VOLANTS

Die linke Seite nach außen wenden. In Naturweiß in die 16. Maschengliedreihe häkeln: *1 fM, 4 Lm, 1 M überspringen. In der Reihe ab * wdh. Den Faden abschneiden.
In jeder 4. oder 5. Maschengliedreihe Volants häkeln. Darauf achten, diese in der gleichen Fb wie den Taschenboden zu häkeln.
Insgesamt hat die Tasche zwei naturweiße, drei braune und zwei schwarze Volants.

RIEMEN

Mit jeder Fb eine lange Schnur aus Lm häkeln, ca. 1,50 m. Die Enden lose heraushängen lassen.

Zusammenstellen

Die Tasche rechts auf rechts zusammenlegen und diese an der offenen Seite im weißen Bereich bis zu den Volants mit Überwendlingsstichen zusammennähen. Am Ende der Volantreihen jeweils zwei und zwei lose Wollenden verknoten. Die Seitenkante muss flach sein. Den Boden ebenfalls mit Überwendlingsstichen schließen.

Verfilzen wie auf Seite 6 beschrieben.

Die Volants in Form bringen und diese mit der Häkelnadel herausziehen. Die Schnüre langziehen.

Fertigstellen

Die Seitenkanten evtl. an der Volantkante in kleinen Stichen mit Nähgarn zusammennähen, falls sie sich während des Verfilzens nicht ausreichend geschlossen haben sollten.
Den Riemen aus den 3 Schnüren flechten. Auf jeder Seite der Tasche ca. 2 cm von oben ein kleines Loch einschneiden. Den Riemen ca. 3 cm durch die Löcher ziehen und in der Tasche festnähen.
Auf der Vorderseite der Tasche ca. 2 cm von oben ein Knopfloch einschneiden. Den Stein auf der Taschenrückseite von innen mit stabilem Faden festnähen, so dass er durch das Knopfloch passt.

Tasche mit Volants und Klappe

→ romantische Filzrüschchen

GRÖSSE
24 cm hoch
21 cm breit (oben)
30 cm breit (unten)

MATERIAL ORIGINAL
- 200 g Naturwolle in Grau (Hjertegarn)
- 200 g Naturwolle in Weiß (Hjertegarn)
- 200 g Naturwolle in Schwarz (Hjertegarn)

ALTERNATIVE
- je 200 g Schachenmayr Alpaka in Marmor (Fb 91), Natur (Fb 02) und Schwarz (Fb 99, doppelt)

- 1 Paar Stricknadeln Nr. 8
- Häkelnadel Nr. 6
- 1 Lochstein

Anleitung

TASCHE

Mit der Klappe beginnen. 8 M in Grau/Marmor anschlagen und 1 R str.
Am Anfang jeder R 2 neue M anschlagen, bis 40 M auf der Nadel sind.
8 R hoch str.
30 M am Anfang der R anschlagen = 70 M und mit dem Taschenkörper weitermachen.
Über den 70 M 26 R mit Grau/Marmor str.
Abwechselnd jeweils 4 R in den Fbn Weiß/Natur, Schwarz und Grau/Marmor str.
Dabei in jeder 8. R gleichmäßig 7 M verteilt zunehmen, insgesamt 4x = 98 M.
Die Tasche hat nun drei weiße, drei schwarze und zwei graue Streifen.
Mit 6 R schwarz schließen. Abketten.

VOLANTS

Die linke Seite nach außen wenden. In der 22. Maschengliedreihe in Grau/Marmor häkeln: *1 fM, 4 Lm, 1 M überspringen. Ab * wdh. Den Faden abschneiden.
In jeder 3. oder 4. Maschengliedreihe einen Volant häkeln.
Die Tasche hat dann zwei graue, einen schwarzen, zwei weiße, drei schwarze und einen weißen Volant.

RIEMEN

In jeder Fb aus 300 Lm jeweils eine lange Schnur häkeln. Die Enden lose heraushängen lassen.

Zusammenstellen

Die Tasche rechts auf rechts zusammenlegen und die Seitennaht links im grauen Bereich bis zu den Volants mit Überwendlingsstichen schließen.
Alle losen Wollenden – jeweils zwei und zwei – am Ende der Volantreihen verknoten. Die verbleibenden 6 R und den Boden mit Überwendlingsstichen zusammennähen.
Mit grauem Garn 1 Rd fM um die Klappe und die 30 M = ca. 92 M häkeln.
Einen Volant an die Klappe häkeln: *1fM, 4 Lm, 1 M überspringen. Um den Volanteffekt zu erzielen, die Klappe leicht in Wellen legen und beim Häkeln in das obere Maschenglied der Rechtsmasche nach unten einstechen. Dann wenden und in gleicher Weise einen Volant zurückhäkeln, aber dabei in das untere Maschenglied der Rechtsmasche einstechen = doppelte Volantkante. Die Enden vernähen.

Verfilzen wie auf Seite 6 beschrieben.

Anschließend die Volants in Form bringen und diese mit der Häkelnadel herausziehen.
Auch die Klappe in Form bringen. Die Riemen-Schnüre lang ziehen.

Fertigstellen

An der Volantkante evtl. die Seitennähte mit Nähgarn in kleinen Stichen zusammennähen, falls sie sich während des Verfilzens nicht ausreichend geschlossen haben.
Den Riemen mit Nähgarn ca. 2 cm oben in der Klappe annähen. Die Fransen heraushängen lassen. Die Riemen evtl. an mehreren Stellen zusammennähen, so dass die drei Schnüre gleichmäßig nebeneinander liegen.
Ein Knopfloch ca. 2 cm unterhalb der Spitze der Klappe einschneiden. Den Stein auf der Vorderseite der Tasche mit stabilem Garn festnähen, so dass er durch das Knopfloch passt.

Abendtäschchen mit Bambushenkel

→ groß genug für die wichtigsten Utensilien einer Dame

GRÖSSE
18 cm hoch
15 cm breit (oben)
29 cm breit (unten)

MATERIAL ORIGINAL
- 100 g schwarze Schafwolle (Filcolana)
- 15 g Silberfaden mit Knötchen

ALTERNATIVE
- 100 g Schachenmayr Alpaka, Fb 99 Schwarz
- 25 g Anchor Ariste in Metallic (Fb 301)

- 1 Paar Stricknadeln Nr. 10
- 1 Bambushenkel
- 1 großer Knopf

Anleitung

Mit 2 Fäden Schwarz und 1 Silberfaden str.
51 M anschlagen und 4 R Perlmuster str.
8 R glatt rechts str.
In jeder 3. M 1 M zunehmen = 68 M. 8 R str.
In jeder 4. M 1 M zunehmen = 85 M. 12 R str.
Abketten.

Zusammenstellen

Die Tasche links auf links zusammenlegen und diese an der Seite und am Boden mit Überwendlingsstichen zusammennähen. Die Tasche von innen nach außen kehren. Die linke Seite ist jetzt außen.

Verfilzen

wie auf Seite 6 beschrieben.

Fertigstellen

Den Henkel innen an jeder Seite mit Nähgarn befestigen.
Ca. 4 cm von oben ein Knopfloch in der Mitte der Taschenvorderseite einschneiden. Den Knopf auf der Innenseite der Taschenrückseite festnähen, so dass er durch das Knopfloch passt.

Elegantes Abendtäschchen

→ passend für Theaterprogramm, Geldbeutel und Lippenstift

GRÖSSE
11 cm hoch
23 cm breit (oben)
25 cm breit (unten)

MATERIAL ORIGINAL
- 40 g Schafwolle (Filcolana)
- 30 g Lammwolle (Filcolana)

ALTERNATIVE
- 100 g Schachenmayr Alpaka in Schwarz (Fb 99)

- 1 Paar Stricknadeln Nr. 6
- Häkelnadel Nr. 6
- 1 Knopf oder 1 Brosche

Anleitung

TASCHE

1 Faden Schafwolle und 1 Faden Lammwolle zusammennehmen bzw. mit Schwarz 35 M anschlagen und 2 R Perlmuster str.
Glatt rechts fortsetzen.
Am Anfang und Ende jeder 6. R 1 M zunehmen, bis 40 M auf der Nadel sind.
6 R str.

Rückteil: Am Anfang und am Schluss jeder 6. R 1 M abnehmen, bis noch 35 M auf der Nadel sind.

Klappe: Am Anfang jeder R 1 M abnehmen, bis nur noch 5 M auf der Nadel sind. Abketten.

RIEMEN

2 Fäden Schafwolle und 2 Fäden Lammwolle Lm häkeln, bis der Riemen 1,50 m lang ist. Den Faden abschneiden.

Zusammenstellen

Die Tasche links auf links zusammenlegen und diese an der Seite mit Überwendlingsstichen zusammennähen. Die Tasche von innen nach außen kehren. Die linke Seite ist jetzt außen. Den Riemen an jeder Seite von innen festnähen.

Verfilzen wie auf Seite 6 beschrieben.

Fertigstellen

Etwa 2 cm von der Spitze der Klappe entfernt ein Knopfloch einschneiden. Einen edlen Knopf oder eine Brosche in Knopflochhöhe auf das Vorderteil der Tasche nähen und durch das Loch stecken.

Tasche mit Buchstaben

→ Farbtupfer für gute Laune

Anleitung

TASCHE

70 M anschlagen und 2 R Perlmuster str. Mit glatt rechts 20 R fortsetzen.
Ab der nächsten R wie folgt:
1 M in jeder 7. M zunehmen = 80 M. 8 R str.
1 M in jeder 8. M zunehmen = 90 M. 8 R str.
1 M in jeder 9. M zunehmen = 100 M. 8 R str.
1 M in jeder 10. M zunehmen = 110 M. 10 R str.
Alle M abketten.

RIEMEN

2 Lm häkeln, 1 fM in die erste Lm, 1 Lm. *Mit 1 Lm wenden, 1 fM in der fM. Ab * wdh. Solange weiterhäkeln, bis der Riemen ca. 1,50 m lang ist.

Zusammenstellen

Die Tasche links auf links zusammenlegen und die Seite und den Boden mit Überwendlingsstichen zusammennähen. Die Tasche von innen nach außen kehren. Die linke Seite ist nun außen.

Verfilzen

wie auf Seite 6 beschrieben.

Fertigstellen

Die Tasche mit Buchstaben verzieren. Diese mit einem stabilen Faden gut festnähen. Den Riemen an beiden Seiten annähen.
In der Mitte der Taschenvorderseite ca. 2 cm von oben ein Knopfloch einschneiden. Ein oder zwei Buchstaben als Knopf in die Innenseite der Taschenrückseite einnähen, so dass sie durch das Knopfloch passen.

GRÖSSE
25 cm hoch
24 cm breit (oben)
33 cm breit (unten)

MATERIAL ORIGINAL
- 200 g Yabba in Türkis (Hjertegarn)

ALTERNATIVE
- 200 g Schachenmayr Wash+Filz-it! in Petrol (Fb 07)

- 1 Paar Stricknadeln Nr. 9
- Häkelnadel Nr. 6
- Buchstaben ihrer Wahl aus Metall
- stabiles, festes Nähgarn oder dünner Schnurfaden

Kleine Tasche mit Röckchen

→ rote Romantik für die Verabredung

GRÖSSE
24 cm hoch, 20 cm breit (oben),
30 cm breit (unten)

MATERIAL ORIGINAL
- 200 g Naturwolle in Rot (Hjertegarn)

ALTERNATIVE
- ca. 300 g Schachenmayr Wash+Filz-it! in Rot (Fb 19)

- 1 Paar Stricknadeln Nr. 9
- Häkelnadel Nr. 6
- 2 Schäkel
- 2 Karabinerhaken

Anleitung

TASCHE

60 M anschlagen und 2 R Perlmuster str. 14 R glatt rechts fortsetzen.
Ab der nächsten R wie folgt:
1 M in jeder 6. M zunehmen = 70 M. 6 R str.
1 M in jeder 7. M zunehmen = 80 M. 6 R str.
1 M in jeder 8. M zunehmen = 90 M. 6 R str.
1 M in jeder 9. M zunehmen = 100 M. 6 R str.
1 M in jeder 10. M zunehmen = 110 M. 8 R str.
Abketten.

RÖCKCHEN

Die linke Seite nach außen wenden. In die 29. Maschengliedreihe von unten 90 fM häkeln. Mit 1 Lm wenden. Danach * 2fM häkeln, 6 Lm, 1 M überspringen. Ab * wdh = 30 Lm-Bögen.

RIEMEN

Locker mit 2 Fäden häkeln. 4 Lm häkeln, mit 1 Km einen Ring bilden und 4 fM herum häkeln. Die Rd nicht beenden. Spiralförmig fortsetzen, bis der Riemen eine Länge von ca. 1,20 m hat.

Zusammenstellen

Die Tasche links auf links zusammenlegen. Die Seite und den Boden mit Überwendlingsstichen zusammennähen. Die Tasche von innen nach außen kehren. Die linke Seite ist nun außen.

Verfilzen

wie auf Seite 6 beschrieben.

Fertigstellen

Die Tasche oben zusammennehmen. Ganz oben an der Tasche, jeweils in ca. 2 cm Abstand zu den Seiten und 1 cm von oben, mit einer spitzen Schere ein Loch durch beide Lagen stechen. Die Schäkel einsetzen.
Jedes Riemenende ca. 1 cm umlegen und mit stabilem Nähgarn so zusammennähen, dass sich eine kleine Schlaufe bildet. Jeweils einen Karabinerhaken in eine Schlaufe (Bild) und in einen Schäkel einsetzen.

Tasche mit Knopflochblüte

→ lila Blütentraum

GRÖSSE
24 cm hoch
20 cm breit (oben)
30 cm breit (unten)

MATERIAL
ORIGINAL
- ca. 200 g Naturgarn in Violett (Hjertegarn)

ALTERNATIVE
- ca. 300 g Schachenmayr Wash+Filz-it! in Blau (Fb 13)

- 1 Paar Stricknadeln Nr. 9
- 3 große Korallensteine (evtl. Perlen)
- 2 m Lederband
- 2 Metallringe
- dünne, stabile, schwarze Schnur

Anleitung

TASCHE

60 M anschlagen und 2 R Perlmuster str.
14 R glatt rechts fortsetzen.
Ab der nächsten R wie folgt:
1 M in jeder 6. M zunehmen = 70 M. 6 R str.
1 M in jeder 7. M zunehmen = 80 M. 6 R str.
1 M in jeder 8. M zunehmen = 90 M. 6 R str.
1 M in jeder 9. M zunehmen = 100 M. 6 R str.
1 M in jeder 10. M zunehmen = 110 M. 8 R str.
Abketten.

BLÜTE

4 M anschlagen und ca. 80 R rechts str. Abketten. Einen Ring bilden, indem die Enden mit Überwendlingsstichen zusammengenäht werden. Mit Vorstichen einen Faden an der einen Seite entlang einmal ganz herum nähen und ihn dann vorsichtig zusammenziehen, damit er nicht reißt. So raffen, dass ein Loch von ca. 5 cm Durchmesser entsteht.

Zusammenstellen

Die Tasche links auf links zusammenlegen und die Seite und den Boden mit Überwendlingsstichen zusammennähen. Die Tasche von innen nach außen kehren. Die linke Seite ist nun außen.

Verfilzen

wie auf Seite 6 beschrieben.

Fertigstellen

Die Blüte an der Stelle aufnähen, an der die Tasche verschlossen werden soll.
Ein Knopfloch in die Mitte der Blüte einschneiden.
Drei Korallensteine (evtl. Perlen) auf eine Schnur ziehen und diese als Knopf von innen so auf die Rückseite annähen, dass er durch das Knopfloch passt.
Einen Metallring auf jeder Seite der Tasche einziehen, das Lederband hindurchziehen und gut verknoten.

Taschen mit Schnur-Applikation

→ Zweierlei Farbvergnügen in groß und klein

KLEINE TASCHE

GRÖSSE

25 cm hoch
22 cm breit (oben)
32 cm breit (unten)

MATERIAL ORIGINAL

- 100 g Yabba in Gelb (Hjertegarn)
- ca. 30 g Yabba in Pink (Hjertegarn)
- 100 g Yabba in Rot (Hjertegarn)

ALTERNATIVE

- 100 g Anchor Wash+Filz-it!, Fb 04 Mango
- 100 g Anchor Wash+Filz-it!, Fb 11 Pink
- 50 g Anchor Wash+Filz-it!, Fb 05 Sienna

GROSSE TASCHE

GRÖSSE

27 cm hoch, 25 cm breit (oben),
35 cm breit (unten)

MATERIAL ORIGINAL

- 100 g Yabba in Pink (Hjertegarn)
- 100 g Yabba in Gelb (Hjertegarn)
- ca. 10 g Yabba in Rot (Hjertegarn)

ALTERNATIVE

- 50 g Schachenmayr Wash+Filz-it! in Pink (Fb 11)
- 100 g Schachenmayr Wash+Filz-it! in Mango (Fb 04)
- 100 g Schachenmayr Wash+Filz-it! in Siena (Fb 05)

- 1 Paar Stricknadeln Nr. 9
- Häkelnadel Nr. 6
- ca. 80 cm Lederriemen
- 4 Drucknieten

Kleine Tasche

Anleitung

60 M in Gelb bzw. Mango anschlagen und
2 R Perlmuster str. 16 R glatt rechts str.
Ab der nächsten R wie folgt:
1 M in jeder 6. M zunehmen = 70 M. 6 R str.
2 R mit Pink weiterstr.
1 M in jeder 7. M zunehmen = 80 M. 2 R str.
Dann 6 R mit Rot bzw. Sienna weiterstr.
1 M in jeder 8. M zunehmen = 90 M. 8 R str.
1 M in jeder 9. M zunehmen = 100 M. 6 R str.
Abketten.

SCHNUR-APPLIKATION

Von der linken Seite aus an einer beliebigen Stelle beginnen. Mit dem pinkfarbenen Garn 1 fM in ein Maschenglied häkeln, 1 Lm und danach 1 fM in ein Maschenglied. Diese Abfolge wdh und sich so quer und von links aus entlang der Maschenglieder winden.

Zusammenstellen

Die Tasche links auf links zusammenlegen und die Seite und den Boden mit Überwendlingsstichen zusammennähen. Die Tasche von innen nach außen kehren. Die linke Seite ist nun außen.

Verfilzen

wie auf Seite 6 beschrieben.

Fertigstellen

Den Lederriemen auf beiden Seiten der Tasche fest mit den Drucknieten anbringen.

Große Tasche

Anleitung

70 M in Pink anschlagen und 2 R Perlmuster str.
Glatt rechts 20 R str.
Ab der nächsten R wie folgt:
1 M in jeder 7. M zunehmen = 80 M. 4 R str.
4 R mit Gelb bzw. Mango weiter str.
1 M in jeder 8. M zunehmen = 90 M. 8 R str.
1 M in jeder 9. M zunehmen = 100 M.
12 R str.
Abketten.

Ab hier mit der der Anleitung „Kleine Tasche/ Schnur-Applikation“ in Rot bzw. Sienna weitermachen und die Tasche genau so fertigstellen.

Tasche mit Streifen und langem Hals

→ auffallend anders

GRÖSSE
32 cm hoch
24 cm breit (oben)
41 cm breit (unten)

MATERIAL ORIGINAL
- 200 g Yabba in Yabba (Hjertegarn)
- 100 g Yabba in Grün (Hjertegarn)

ALTERNATIVE
- ca. 200 g Schachenmayr Wash+Filz-it! in Calypso (Fb 23)
- ca. 100 g Schachenmayr Wash+Filz-it! in Olivgrün (Fb 17)
- 1 Paar Stricknadeln Nr. 9
- Häkelnadel Nr. 6

Anleitung

TASCHE

Die Tasche kraus rechts mit Streifen in glatt rechts str.
74 M in Türkis anschlagen und *6 R rechts str, 17 M auf die rechte Nadel nehmen, zum grünen Garn wechseln, die nächsten 40 M abstr und wieder zurück, insgesamt 6 R. 17 M Türkis ruhen dabei an jedem Ende der Nadel. Die ersten 17 M wieder auf die linke Nadel nehmen, so dass sich auf der Nadel erneut 74 M befinden.
Ab * wdh bis 8 türkisfarbene Rippen in kraus rechts und 7 grüne Rippen in glatt rechts zu sehen sind.
Abketten.
Anschließend einmal rundherum Mäusezähnchen häkeln:
*3 Lm, 1 fM in 1 Lm, 1 Maschenglied überspringen, 1 fM im nächsten Maschenglied. Ab * wdh.
Entlang der zwei kürzeren Seiten sollten es 13 Mäusezähnchen sein.
Längs der zwei längeren Seiten wird in jeder 2. M gehäkelt, so dass es insgesamt 35 Mäusezähnchen sind.

RIEMEN

4 Lm häkeln, mit 1 Km einen Ring bilden und 4 fM herum häkeln.
Die Rd nicht beenden. Spiralförmig fortsetzen, bis der Riemen eine Länge von ca. 1,50 m hat.

ZUGBAND

Mit zwei Fäden 100 Lm häkeln.

Zusammenstellen

Die Tasche links auf links legen und diese an den Seiten mit engen Vorstichen bis zu den Mäusezähnchen zusammennähen.

Verfilzen

wie auf Seite 6 beschrieben.

Fertigstellen

Das Zugband durch die Löcher, die sich zwischen den grünen Streifen gebildet haben, ziehen.
Den Riemen an den Außenseiten der Tasche fest annähen (Bild).

Dicke Tasche mit Rollkragen und Streifen

→ ein Rollkragen für alle Fälle

Anleitung

TASCHE

Senkrecht glatt rechts str.
60 M in Blau anschlagen und 8 R str. Dann zu Türkis wechseln.
Die Keilstreifen von der rechten Seite:
*40 M str, wenden und auf der Rückr 40 M str.
32 M str, wenden und auf der Rückr 32 M str.
24 M str, wenden und auf der Rückr 24 M str.
16 M str, wenden und auf der Rückr 16 M str.
36 M str, wenden und auf der Rückr 36 M str.
Zu blau wechseln und 10 R über alle 60 M str.
Ab * wdh, bis 10 türkisfarbene Keilstreifen und 10 dazwischenliegende blaue Streifen sichtbar sind.
Mit 2 R Blau abschließen.
Abketten.

RIEMEN

166 Lm in Blau häkeln, wenden und dann 165 fM zurückhäkeln.
Zu Türkis wechseln und entlang der gegenüberliegenden Seite der Lm-Reihe 165 fM häkeln.

Zusammenstellen

Die Tasche links auf links zusammenlegen und die Seite und den Boden mit Überwendlingsstichen zusammennähen. Darauf achten, dass die Streifen am Boden zusammenpassen. Die Tasche von innen nach außen kehren. Die linke Seite ist nun außen.

Verfilzen

wie auf Seite 6 beschrieben.

Fertigstellen

Den Riemen über einer Keilspitze des Musters auf der Vorder- und Rückseite mit einem großen Knopf und einer kleinen Perle annähen. Den Kragen herunterrollen.

GRÖSSE

31 cm hoch,
15 cm breit (oben)
27 cm breit (unten)

MATERIAL ORIGINAL

- 100 g Peru in Blau (Grønhøj Garn)
- 50 g Peru in Türkis (Grønhøj Garn)

ALTERNATIVE

- ca. 200 g Schachenmayr Wash+Filz-it! in Blau (Fb 13)
- ca. 100 g Schachenmayr Wash+Filz-it! in Grün (Fb 16)

- 1 Paar Stricknadeln Nr. 4,5
- Häkelnadel Nr. 4
- 2 lustige Knöpfe
- 2 kleine Perlen

Dünne Tasche mit Rollkragen und Streifen

→ geht mit Ihnen durch dick und dünn

GRÖSSE

30 cm hoch, 18 cm breit (oben), 31 cm breit (unten)

MATERIAL ORIGINAL

- 100 g Hifa in Türkis (Grønhøj Garn)
- 100 g Hifa in Grün (Grønhøj Garn)
- Rest Hifa in beliebiger Kontrastfarbe (Grønhøj Garn)

ALTERNATIVE

- je 150 g Schachenmayr Alpaka Fashion in Petrol meliert (Fb 155) und Schilf meliert (Fb 171)

- 1 Paar Stricknadeln Nr. 3
- 2 Knöpfe

Anleitung

TASCHE

Senkrecht glatt rechts str.
100 M in Türkis anschlagen und 4 R str.
Dann zu Grün wechseln.
Die Keilstreifen von der rechten Seite:
*60 M str, wenden und auf der Rückr 60 M str.
50 M str, wenden und auf der Rückr 50 M str.
40 M str, wenden und auf der Rückr 40 M str.
30 M str, wenden und auf der Rückr 30 M str.
Zu Türkis wechseln und 10 R über alle 100 M str.
Ab * wdh, bis 16 grüne Keilstreifen und 16 dazwischen liegende türkisfarbene Streifen sichtbar sind.
Evtl. ein paar R in einer anderen KontrastFb als zusätzlichen Blickfang str. Diese R bei der R-Anzahl der Streifen bzw. Keilstreifen mitzählen.
Mit 6 R Türkis abschließen.
Abketten.

RIEMEN

10 M in Grün oder Türkis anschlagen und glatt rechts str. Nach 150 R die Farbe wechseln und weitere 150 R str.

Zusammenstellen

Die Tasche links auf links zusammenlegen und die Seite und den Boden mit Überwendlingsstichen zusammennähen. Darauf achten, dass die Streifen am Boden zusammenpassen. Die Tasche von innen nach außen kehren. Die linke Seite ist nun außen.

Verfilzen

wie auf Seite 6 beschrieben.

Fertigstellen

Den Riemen über einer Keilspitze auf der Vorder- und der Rückseite mit einem großen Knopf annähen. Den Kragen herunterrollen.

Tasche mit frechen Fransen

Anleitung Seite 62

Tasche mit Plastikriemen

Anleitung Seite 61

Tasche mit Plastikriemen

→ Keilkombi in neuer Form

GRÖSSE

20 cm hoch
17 cm breit (oben)
26 cm breit (unten)

MATERIAL ORIGINAL

- 50 g Lammwolle in Braun (Filcolana)
- 25 g Lammwolle in Pink (Filcolana)

ALTERNATIVE

- je 150 g Schachenmayr Alpaka Fashion in Rosa (Fb 134) und Burgund meliert (Fb 132)

- 1 Paar Stricknadeln Nr. 3
- Häkelnadel Nr. 4
- ca. 3 m braune Plastikschnur, ø 4 mm

Anleitung

TASCHE

Senkrecht glatt rechts str.
60 M in Braun anschlagen und 12 R str.
Dann zu Pink wechseln.
Die Keilstreifen von der rechten Seite:
*40 M str, wenden und auf der Rückr 40 M str.
34 M str, wenden und auf der Rückr 34 M str.
28 M str, wenden und auf der Rückr 28 M str.
22 M str, wenden und auf der Rückr 22 M str.
40 M str, wenden und auf der Rückr 40 M str.
Zu Braun wechseln und 14 R über alle 60 M str.
Ab * wdh, bis 14 pinkfarbene Keilstreifen und 16 dazwischenliegende braune Streifen sichtbar sind. Mit 2 R Braun abschließen. Abketten.

Zusammenstellen

Die Tasche links auf links zusammenlegen und die Seite und den Boden mit Überwendlingsstichen zusammennähen. Darauf achten, dass die Streifen am Boden zusammenpassen. Die Tasche von innen nach außen kehren. Die linke Seite ist nun außen.

Verfilzen

wie auf Seite 6 beschrieben.

Fertigstellen

40 cm Plastikschnur zuschneiden, diese in der Mitte zusammenlegen und dort verknoten.
In der Mitte der Taschenrückseite ca. 2 cm von oben ein Loch einschneiden. Beide Enden der Plastikschnur hindurchziehen, so dass der Knoten auf der Taschenrückseite zu sehen ist.
In 2 cm-Abstand aus beiden Schnüren zusammen einen Knoten binden.
Auf der Vorderseite der Tasche ein 1 cm großes Knopfloch einschneiden, die Plastikschnur als Knopf hindurchziehen.
Die losen Enden heraushängen lassen.

RIEMEN

So fest wie möglich ca. 35 cm Lm aus der Plastikschnur häkeln.
Mit einer spitzen Schere in jede Seite der Tasche ein Loch einstechen. Die Schnur von außen nach innen durchziehen und auf der Innenseite verknoten.

Tasche mit frechen Fransen

→ think pink!

Anleitung

TASCHE

Senkrecht glatt rechts str.
80 M in Pink anschlagen und 13 R str.
Dann zu Violett wechseln.
Die Keilstreifen von der rechten Seite:
*60 M str, wenden und auf der Rückr 60 M str.
50 M str, wenden und auf der Rückr 50 M str.
40 M str, wenden und auf der Rückr 40 M str.
30 M str, wenden und auf der Rückr 30 M str.
1 R über alle 80 M str.
Den Faden an jedem Keilstreifen abschneiden. Die Enden als Fransen heraushängen lassen.
Zu Pink wechseln und 24 R str.
Ab * wdh bis 10 violette Keilstreifen und 10 dazwischen liegende pinkfarbene Streifen sichtbar sind.
Mit 11 R Pink schließen. Abketten.

RIEMEN

12 M in Pink anschlagen und 110 R glatt rechts str. Abketten.

SCHLAUFEN FÜR DEN RIEMEN (2x stricken)

6 M in Violett anschlagen und 25 cm glatt rechts str. Abketten.

Zusammenstellen

Die Tasche links auf links zusammenlegen und die Seite und den Boden mit Überwendlingsstichen zusammennähen. Die Tasche von innen nach außen kehren. Die linke Seite ist nun außen.

Fransen

Die Garnenden der Keilstreifen oben an der Tasche heraushängen lassen und zusätzlich noch weiteres Garn mit einer Häkelnadel befestigen, so dass die Fransen gleich dick sind.

Verfilzen

wie auf Seite 6 beschrieben.

Fertigstellen

Die Schlaufen auf jeder Seite der Tasche ca. 1 cm von oben innen über zwei Keilstreifen annähen (Bild). Den langen Riemen um jede der beiden Schlaufen herumnähen, so dass sich ein kleine Schlinge am Ende jedes Riemens bildet. Der Riemen soll sich in den Schlaufen hin- und herbewegen können.
Die Fransen stutzen.

GRÖSSE
25 cm hoch
21 cm breit (oben)
28 cm breit (unten)

MATERIAL ORIGINAL
- 100 g Lammwolle in Pink (Filcolana)
- Rest Lammwolle in Violett (Filcolana)

ALTERNATIVE
- 200 g Schachenmayr Alpaka Fashion in Rosa (Fb 134)
- 100 g Schachenmayr Alpaka Fashion in Weinrot (Fb 131)

- 1 Paar Stricknadeln Nr. 3

Tasche mit Blumen und Knöpfen

→ ein echtes Begehrstück!

Anleitung

TASCHE
Glatt rechts str.
60 M in Rosa anschlagen.
18 R str.
In der nächsten R:
1 M in jeder 6. M zunehmen = 70 M. 6 R str.
Zu Lila wechseln und 2 R str.
1 M in jeder 7. M zunehmen = 80 M. 8 R str.
1 M in jeder 8. M zunehmen = 90 M. 8 R str.
1 M in jeder 9. M zunehmen = 100 M. 12 R str.
Abketten.

RIEMEN
4 Fäden Lila nehmen.
2 Lm häkeln, 1 fM in die 1. Lm.
*Mit 1 Lm wenden, 1 fM in die fM. Ab * wdh.
Häkeln bis der Riemen eine Länge von ca. 110 cm hat.

BLÜTEN
Siehe Seite 9, vier Blüten auswählen.

Zusammenstellen

Die Tasche links auf links zusammenlegen und die Seite und den Boden mit Überwendlingsstichen zusammennähen. Die Tasche von innen nach außen kehren. Die linke Seite ist nun außen.

Verfilzen

wie auf Seite 6 beschrieben.

Fertigstellen

Den Riemen außen auf jeder Seite annähen.
Als Verzierung einen Knopf an der Nahtstelle annähen.
Die Blüten mit kleinen Stichen mit Nähgarn annähen: Zwei Blüten auf der Vorderseite und jeweils eine auf der Seite und der Rückseite der Tasche. Jeweils einen Knopf in der Mitte von zwei Blüten annähen.

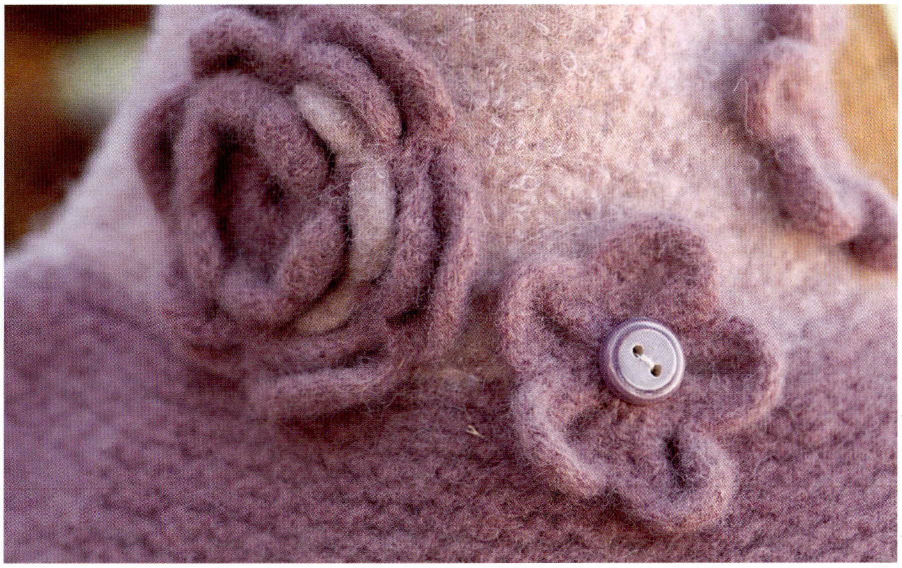

GRÖSSE
26 cm hoch
20 cm breit (oben)
34 cm breit (unten)

MATERIAL ORIGINAL
- 50 g Boucle in Rosa (Ib's)
- 100 g Hifa in Lila (Grønhøj Garn)

ALTERNATIVE
- 150 g Schachenmayr Wash+Filz-it! in Rosé (Fb 10)
- 200 g Schachenmayr Wash+Filz-it! in Flieder (Fb 12)

- 1 Paar Stricknadeln Nr. 9
- Häkelnadel Nr. 5
- 4 Knöpfe

Tasche mit gestreifter Klappe

→ nicht alltäglich aber so geräumig für jeden Tag

GRÖSSE
26 cm hoch
30 cm breit (oben)
38 cm breit (unten)

MATERIAL ORIGINAL
- 100 g Hifa in Grün (Grønhøj Garn)
- 100 g Hifa in Hellblau (Grønhøj Garn)
- 100 g Hifa in Rosa (Grønhøj Garn)

ALTERNATIVE
- 50 g Schachenmayr Alpaka Fashion in Schilf meliert (Fb 171)
- 50 g Schachenmayr Alpaka Fashion in Bleu (Fb 152)
- 150 g Schachenmayr Alpaka Fashion in Hummer (Fb 133)

- 1 Paar Stricknadeln Nr. 3
- 2 Knöpfe

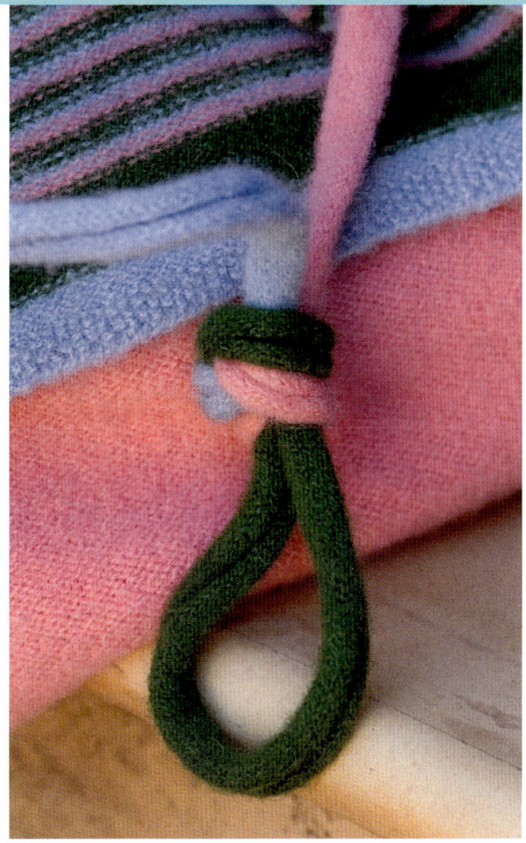

Tipp: Sie können die Tasche natürlich auch in anderen Farbzusammenstellungen arbeiten. Wichtig ist nur, dass Sie bei wechselnden Farben die gleiche Wollqualität verwenden.

Anleitung

TASCHE

Glatt rechts str.
80 M in Rosa anschlagen und 10 R str.
Am Anfang und am Ende jeder 10. R 1 M zunehmen, bis 96 M auf der Nadel sind.
10 R Rosa str.
8 R Grün str.
8 R Hellblau str.
10 R Rosa str.
Mit Rosa weiterstr und am Anfang und am Ende jeder 10. R 1 M abnehmen, bis noch 80 M auf der Nadel sind.
Dann über den 80 M die Klappe fertigen.
2 R Grün str.
2 R Hellblau str.
2 R Rosa str.
In dieser Reihenfolge mit den Streifen fortsetzen, bis insgesamt 9 rosafarbene Streifen sichtbar sind.
8 R Grün str.
4 R Hellblau str.
6 R Hellblau im Perlmuster str.
Abketten.

RIEMEN

12 M in Rosa anschlagen.
80 R Rosa in glatt rechts str.
130 R Grün str.
100 R Hellblau str.
Abketten.

Zusammenstellen

Die Tasche links auf links zusammenlegen, so dass der Boden auf der einen Seite hellblau und auf der anderen Seite grün ist. Die Seite und den Boden mit Überwendlingsstichen zusammennähen. Die Tasche von innen nach außen kehren. Die linke Seite ist nun außen.

Verfilzen

wie auf Seite 6 beschrieben.

Fertigstellen

Den Riemen außen auf jeder Seite ca. 2 cm von oben annähen.
Als Verzierung einen Knopf an der Nahtstelle befestigen.

Rechteck mit kurzen Henkeln

→ Traum in Türkis mit zwei Handgriffen

GRÖSSE
28 cm hoch
25 cm breit (oben)
35 cm breit (unten)

MATERIAL ORIGINAL
- 100 g Hifa in Helltürkis (Grønhøj Garn)
- Reste von Hifa in Rot, Blau, Grün und Dunkeltürkis (Grønhøj Garn)

ALTERNATIVE
- 100 g Gedifra Cotton Merino in Helltürkis (Fb 6262)
- Reste von Gedifra Cotton Merino in Rot (Fb 6201) und Blau (Fb 6256)
- Rest Gedifra Cotton Merino in Dunkelblau (Fb 6254) oder vergleichbare Qualität in Dunkeltürkis
- Rest Gedifra Cotton Merino in Grün (Fb 6269)

- 1 Paar Stricknadeln Nr. 3
- Häkelnadel Nr. 3
- Stoff für das Futter

Anleitung

TASCHE

Glatt rechts str.
80 M in Dunkeltürkis/Dunkelblau anschlagen.
Dann am Anfang und am Ende jeder 10. R 1 M zunehmen bis 92 M auf der Nadel sind. Beim Zunehmen gleichzeitig folgende Streifen str:
10 R Dunkeltürkis/Dunkelblau str.
1 R Rot str.
1 R Helltürkis str.
10 R Dunkeltürkis/Dunkelblau str.
70 R Helltürkis str.
6 R Blau str.
2 R Rot str.
2 R Dunkeltürkis/Dunkelblau str.
6 R Blau str.
Abketten.

RIEMEN

Erster Riemen: 12 M in Rot anschlagen und 60 R kraus rechts str. Zu Dunkeltürkis wechseln und 60 R str. Abketten.
Zweiter Riemen: 12 M in Blau anschlagen und 90 R glatt rechts str. Zu Grün wechseln und 30 R str. Abketten.

SCHLAUFE FÜR DEN VERSCHLUSS

33 Lm häkeln und dann mit 2 Fäden Rot 32 fM zurückhäkeln.

KNÖPFE

Mit 2 Fäden Helltürkis 4 Lm häkeln, mit 1 Km einen Ring bilden und 8 fM herumhäkeln.
2 Rd fM häkeln.
In der nächsten Rd alle 8 fM zu einer zusammenhäkeln.
Knopf mit Rest türkisfarbenem Garn ausstopfen und Fäden vernähen.

Zusammenstellen

Die Taschenstücke rechts auf rechts zusammenlegen und die Seiten und den Boden mit kleinen Rückstichen zusammennähen. Die Tasche von innen nach außen kehren. Die rechte Seite ist nun außen.
An der oberen Kante mit 2 Fäden in Blau in jeder 2. M 1 Rd. fM häkeln.

Verfilzen

wie auf Seite 6 beschrieben.

Fertigstellen

Die Riemen innen auf jeder Seite der Tasche ca. 5 cm von der Seitennaht entfernt annähen. Die Schlaufe in der Mitte zusammenlegen und diese oben mittig von innen an der Taschenrückseite fest annähen.
Die Schlaufen gegeneinander ca. 4 cm zusammennähen, so dass Loch und Knopf ineinander passen.
Den Knopf fest in der Mitte der Taschenvorderseite auf dem roten/helltürkisen Streifen annähen.
Das Futter einnähen – das kann mit der Maschine gemacht werden, da dann die obere Taschenkante stabiler wird (vgl. Seite 11).

Eckige Tasche mit breiten Streifen

→ eine Nummer größer

GRÖSSE

38 cm hoch, 28 cm breit (oben),
42 cm breit (unten)

MATERIAL ORIGINAL

- 100 g Hifa in Grün (Grønhøj Garn)
- 100 g Hifa in Dunkeltürkis (Grønhøj Garn)
- 100 g Hifa in Helltürkis (Grønhøj Garn)
- Reste von Hifa in Rot und Blau (Grønhøj Garn)

ALTERNATIVE

- 100 g Gedifra Cotton Merino in Grün (Fb 6269)
- 100 g Gedifra Cotton Merino in Helltürkis (Fb 6262)
- 100 g Gedifra Cotton Merino in Hellblau (Fb 6209)
- Reste von Gedifra Cotton Merino in Rot (Fb 6201) und Blau (Fb 6256)

- 1 Paar Stricknadeln Nr. 3
- Häkelnadel Nr. 3
- Stoff für das Futter

Anleitung

TASCHE

Glatt rechts str.
90 M in Grün anschlagen.
Am Anfang und am Ende jeder 10. R 1 M zunehmen bis 112 M auf der Nadel sind.
Beim Zunehmen gleichzeitig folgende Streifen str:
20 R Grün.
1 R Rot.
60 R Dunkeltürkis/Helltürkis.
6 R Rot.
26 R Helltürkis/Hellblau.
20 R Grün.
6 R Rot.
Abketten.

RIEMEN

20 M in Dunkeltürkis/Helltürkis anschlagen und 50 R glatt rechts str.
20 R Rot.
50 R Blau.
120 R Grün.
2 R Rot.
110 R Blau.
Abketten.
Der Riemen ist ca. 120 cm lang.

SCHLAUFE FÜR DEN VERSCHLUSS

33 LM häkeln und mit 2 Fäden 32 fM in Helltürkis/Hellblau zurückhäkeln.

KNOPF

Mit 2 Fäden Rot 4 Lm häkeln, mit 1 Km einen Ring bilden und 8 fM herumhäkeln. 2 weitere Rd fM häkeln. In der nächsten Runde alle 8 fM zusammenhäkeln.
Knopf mit Rest rotem Garn ausstopfen und Fäden vernähen.

Zusammenstellen

Die Taschenstücke rechts auf rechts zusammenlegen und die Seiten und den Boden mit kleinen Rückstichen zusammennähen. Die Tasche von innen nach außen kehren. Die rechte Seite ist nun außen.
An der oberen Kante mit 2 Fäden in Rot in jeder 2. M 1 Rd fM häkeln.

Verfilzen

wie auf Seite 6 beschrieben.

Fertigstellen

Den Riemen innen auf jeder Seite der Tasche ca. 5 cm von oben annähen.
Die Schlaufe in der Mitte zusammenlegen und diese von innen oben fest in die Mitte der Taschenrückseite annähen.
Dann die Schlaufe zusätzlich ca. 4 cm zusammennähen, so dass Loch und Knopf ineinander passen. Den Knopf fest in der Mitte der Taschenvorderseite annähen.
Das Futter einnähen – das kann mit der Maschine gemacht werden, da dann der obere Rand der Tasche stabiler wird (vgl. Seite 11).

Kosmetiktäschchen

→ für Make-up, Stifte oder Krimskrams

Anleitung

Glatt rechts str.
40 M in Türkis anschlagen und 4 R str.
Zu Grün wechseln und 4 R str.
Dann am Anfang und am Ende jeder 4. R 1 M zunehmen, bis 54 M auf der Nadel sind. 6 R str.
1 R Türkis und 1 R Rot str.
6 R Grün str.
Am Anfang und am Ende jeder 4. R 1 M abnehmen, bis noch 40 M auf der Nadel sind. 4 R str.
4 R Türkis str. Abketten.

Zusammenstellen

Das Täschchen rechts auf rechts zusammenlegen. Die Seitensäume von links mit Rückstichen zusammennähen. Das Täschchen von innen nach außen kehren. Die rechte Seite ist nun außen.

Verfilzen

wie auf Seite 6 beschrieben.

Fertigstellen

Den Reißverschluss mit Rückstichen einnähen. Das Futter einsetzen (vgl. Seite 11) und auf der Rückseite des Reißverschlusses anheften.

GRÖSSE

9,5 cm hoch, 13 cm breit (oben), 19 cm breit (unten)

MATERIAL ORIGINAL

- 50 g Hifa in Grün (Grønhøj Garn)
- Reste von Hifa in Türkis und Rot (Grønhøj Garn)

ALTERNATIVE

- 50 g Gedifra Cotton Merino in Grün (Fb 6269)
- Rest Gedifra Cotton Merino in Rot (Fb 6201)
- Rest Gedifra Cotton Merino in Helltürkis (Fb 6262)

- 1 Paar Stricknadeln Nr. 3
- Reißverschluss in Türkis, 13 cm
- Stoff für das Futter

Beuteltäschchen mit Glitzersteinen

→ für große und kleine Prinzessinnen

GRÖSSE
28 cm hoch
18 cm breit (oben)
30 cm breit (unten)

MATERIAL ORIGINAL
- 200 g Tundra in Pink (BC Garn)

ALTERNATIVE
- 200 g Schachenmayr Wash+Filz-it! in Rosé (Fb 10)

- 1 Paar Stricknadeln Nr. 8
- Häkelnadel Nr. 6
- 18 kleine runde Glitzersteine
- 2 tropfenförmige Glitzersteine

Anleitung

TASCHE

90 M anschlagen und 4 R glatt rechts str.
*Rechte Seite, 70 M rechts, wenden
linke Seite, 50 M rechts, wenden
rechte Seite, 50 M rechts, wenden
linke Seite, 50 M rechts, wenden
rechte Seite, 50 M rechts, wenden
linke Seite, 50 M rechts, wenden
rechte Seite, 70 M rechts, wenden
linke Seite, 90 M links, wenden
rechte Seite, 90 M rechts, wenden
linke Seite, 90 M links, wenden
Ab * 8x wdh.
Es sind 8 Rippen in glatt rechts zu sehen.
In jeder der 8 großen Rippen befinden sich 3 kleine Rippen.
Abketten.

RIEMEN

Mit 2 Fäden 135 Lm häkeln.

Zusammenstellen

Das Täschchen rechts auf rechts legen und die Seiten mit Überwendlingsstichen zusammennähen. Das Täschchen von innen nach außen kehren. Die rechte Seite ist nun außen.

Verfilzen

wie auf Seite 6 beschrieben.

Fertigstellen

Den Riemen auf jeder Seite der Tasche von außen fest annähen. Einen tropfenförmigen und einen runden Glitzerstein als Verzierung an der Nahtstelle befestigen.
Die Glitzersteine in den kleinen Löchern, die oberhalb der Rechtsrippen zum Vorschein kommen, sorgfältig annähen.

Beuteltasche mit Volants und Rollkragen

→ zartes Täschchen für feine Damen

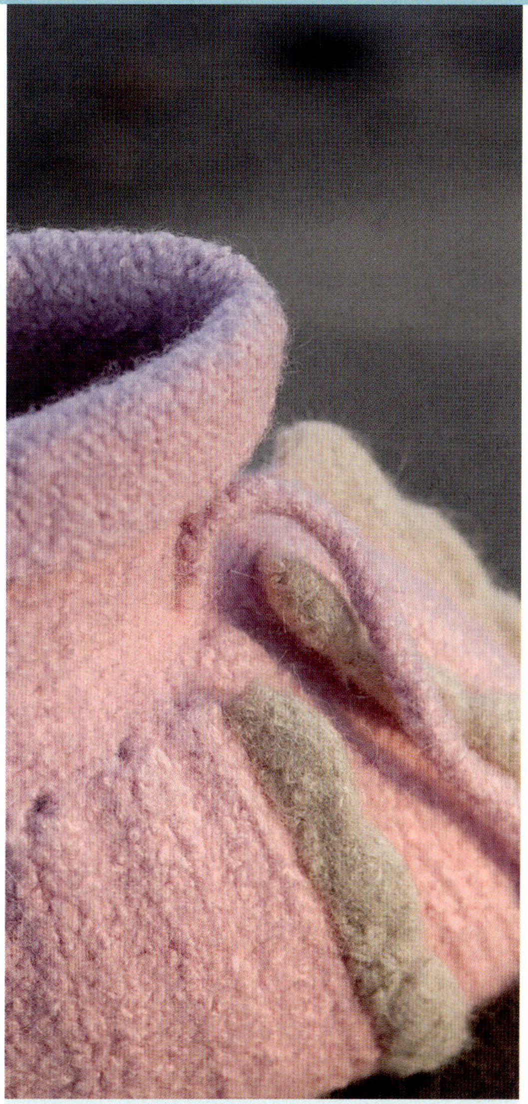

Anleitung

TASCHE

90 M mit Rosa anschlagen und 4 R glatt rechts str.
*Rechte Seite, 70 M rechts, wenden
linke Seite, 50 M rechts, wenden
rechte Seite, 50 M rechts, wenden
linke Seite, 50 M rechts, wenden
rechte Seite, 50 M rechts, wenden
linke Seite, 50 M rechts, wenden
rechte Seite, 70 M rechts, wenden
linke Seite, 90 M links, wenden
rechte Seite, 90 M rechts, wenden
linke Seite, 90 M links, wenden
Ab * 8x wdh.
Es sind 8 Rippen in glatt rechts zu sehen.
In jeder der 8 großen Rippen befinden sich 3 kleine Rippen.
Abketten.

VOLANTS

Die Volants werden in der Mitte der 3 kleinen Rechtsrippen mit Beige aufgehäkelt. Die gleiche Muschelreihe jeweils in der 1., 3., 6., und 8. Rippe der großen Rippen häkeln.
50 fM häkeln, wenden und im Muschelmuster zurückhäkeln:
Mit 2 Lm wenden, 5 Stb in 2 fM. *2 fM überspringen, 1 fM, 2 fM überspringen, 5 Stb in der nächsten M.
Ab * wdh = 9 Muscheln.

RIEMEN

Mit 2 Fäden in Rosa 135 Lm häkeln.

Zusammenstellen

Die Tasche rechts auf rechts legen und die Seiten mit Überwendlingsstichen zusammennähen. Die Tasche von innen nach außen kehren. Die rechte Seite ist nun außen.

Verfilzen

wie auf Seite 6 beschrieben.

Fertigstellen

Den Riemen 6 cm von oben auf jeder Seite der Tasche von außen annähen. Den Kragen herunterrollen.

GRÖSSE
25 cm hoch, 18 cm breit (oben), 30 cm breit (unten)

MATERIAL
ORIGINAL
- 200 g Tundra in Rosa (BC Garn)
- 50 g Indiecita in Beige (Filcolana)

ALTERNATIVE
- 200 g Schachenmayr Wash+Filz-it! in Rosé (Fb 10)
- 50 g Schachenmayr Alpaka Fashion in Leinen meliert (Fb 105)

- 1 Paar Stricknadeln Nr. 8
- Häkelnadel Nr. 6

Tasche mit Puschel

→ Kuscheliges für tolle Auftritte

GRÖSSE
25 cm hoch
24 cm breit (oben)
33 cm breit (unten)

MATERIAL ORIGINAL
- 200 g Yabba in Pink (Hjertegarn)

ALTERNATIVE
- 200 g Schachenmayr Wash+Filz-it! in Pink (Fb 11)

- 2 Stücke tibetanische Langhaarwolle in Violett, ca. 6 x 2 cm
- 1 Paar Stricknadeln Nr. 9
- Häkelnadel Nr. 6

Anleitung

TASCHE

70 M anschlagen und 2 R Perlmuster str.
20 R in glatt rechts fortsetzen.
In der nächsten R:
1 M in jeder 7. M zunehmen = 80 M. 8 R str.
1 M in jeder 8. M zunehmen = 90 M. 8 R str.
1 M in jeder 9. M zunehmen = 100 M.
8 R str.
1 M in jeder 10. M zunehmen = 110 M.
10 R str.
Abketten.

RIEMEN

4 Lm häkeln, mit 1 Km einen Ring bilden und 4 fM herum häkeln. Die Rd nicht beenden. Spiralförmig fortsetzen, bis der Riemen eine Länge von ca. 120 cm hat.

Zusammenstellen

Die Tasche links auf links zusammenlegen. Die Seite und den Boden mit Überwendstichen zusammennähen. Die Tasche von innen nach außen kehren. Die linke Seite ist nun außen.

Verfilzen

wie auf Seite 6 beschrieben.

Fertigstellen

Die 2 Stücke tibetanische Langhaarwolle doppelt übereinanderlegen und diese zu 2 Ringen zusammennähen. 1 Ring über jedes Riemenende ziehen. Den Riemen festnähen und die tibetanische Langhaarwolle fest an die Tasche anheften.

Taschen aus Altem und Schönem

→ Recycling aus dem Kleiderschrank

Alte Pullover in neuem Glanz

Es ist schön, wenn man Dinge wiederverwerten kann. Deshalb schauen Sie doch einmal in Ihren Schubladen und Schränken nach, ob Sie nicht etwas Passendes finden. Oft kommt ein alter Pullover, der nicht mehr getragen wird, oder ein Oberteil, das den Kindern zu klein geworden ist, zum Vorschein. All das lässt sich in eine Tasche umfunktionieren. Dabei sollte ein Pullover jedoch verfilzt werden können. Er darf deshalb nicht aus Wolle sein, die mit Superwash behandelt wurde. Wenn Sie den Pullover verfilzt haben, können Sie ihn wie ein Stück Stoff verwenden. Er lässt sich leicht zuschneiden, da er dabei nicht aufribbelt. Sie können zum Zuschneiden evtl. auch die Vorlagen auf Seite 78 benutzen. Doch erstellen Sie am besten Ihre eigene Vorlage, die zu dem Pullover und den Vorstellungen, die Sie von Ihrer Tasche haben, passt.

Anleitung

Beginnen Sie, indem Sie den Pullover bei 40 °C bzw. 60 °C verfilzen. Wählen Sie die höhere Temperatur, wenn Sie eine etwas festere Tasche haben möchten. Wenn Sie einen dickeren Pulli verwenden, bleibt die Tasche sehr formbeständig.
Sie können ebenso einen dicken und einen dünnen Pulli kombinieren. Nehmen Sie beispielsweise das dickere Stück für den Taschenkörper und den dünneren für Außentaschen oder Schlaufen. Ein Pulli aus Angora und Wolle eignet sich sehr schön für eine kuschelige Tasche. Probieren Sie auch einmal aus, unten einen Kragen oder ein Bündchen anzusetzen.
Am interessantesten ist es, wenn Sie die Tasche mit etwas kombinieren, das nicht sehr üblich ist. Das könnte z. B. eine alte gehäkelte Borte sein, Knöpfe aus Großmutters Zeiten, Opas abgetragener Wollschal, Münzen mit Löchern, Glitzersteine von einer alten Lampe – diese Liste lässt sich beliebig fortsetzen. Ihrer Fantasie sind dabei keine Grenzen gesetzt.
Die abgebildeten Taschen sind alle mit der Nähmaschine zusammengenäht und gefüttert, damit die Nahtstellen nicht auffallen.

Diese Tasche wurde aus einem alten Pulli mit Islandmuster gemacht. Die linke Seite ist nun außen.
Das Bündchen wurde oben als Kante verwendet, und die Tasche mit alten Seidenborten verziert.

Bei dieser Tasche wird die große Vordertasche in Nadelstärke 3 und aus 100 Reihen glatt rechts neu gestrickt. Sie wird zusammen mit dem alten violettfarbenen Pullover, aus welcher der Taschenkörper genäht wird, verfilzt. Die Schlaufen und der Knopf sind aus den Wollresten der Vordertasche gestrickt. Der Knopf wird zusammengerollt und an einer Seite längs zusammengenäht.
Den Riemen bildet ein gehäkeltes Lederband.

Hier wird der Pulloverkragen oben für die Taschenöffnung verwendet. Ein altes Seidenband, das man zur Herstellung von Lampenschirmen benutzt, wird als Verzierung oben angenäht und für die Riemen verwendet.

Diese blaugrüne Tasche ist aus einem alten Pulli gearbeitet, dessen Muster als aufgenähte Tasche hier nun gute Dienste leistet. Als Verzierung dient ein Band mit langen Fransen, darüber ist noch ein schmaleres Band angenäht. Den Knopf bildet ein schöner Bernstein, die Schlaufe wird aus einer Seidenkordel gebunden.

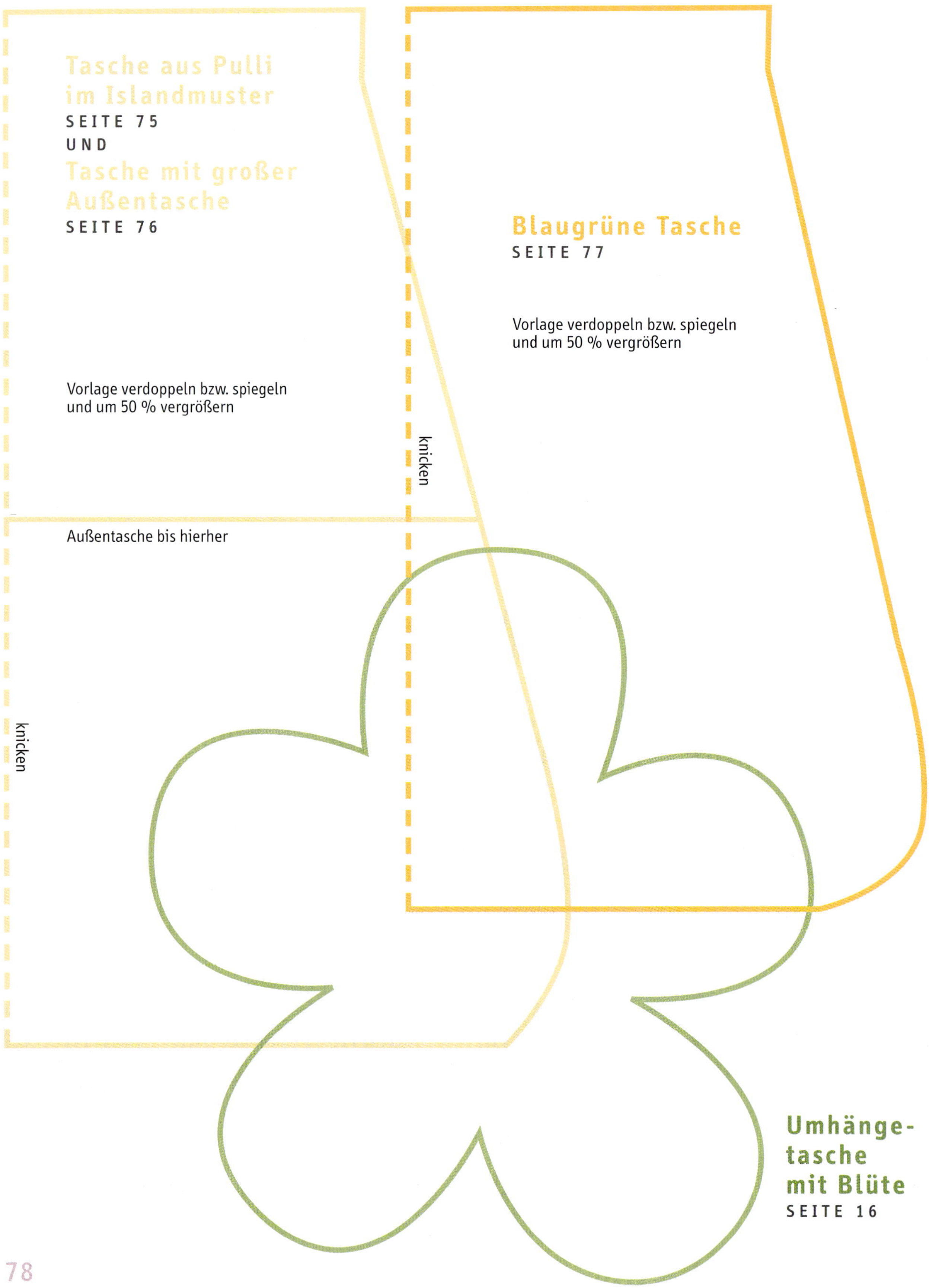
Tasche aus Pulli im Islandmuster
SEITE 75
UND
Tasche mit großer Außentasche
SEITE 76
Vorlage verdoppeln bzw. spiegeln und um 50 % vergrößern
knicken
Außentasche bis hierher
knicken
Blaugrüne Tasche
SEITE 77
Vorlage verdoppeln bzw. spiegeln und um 50 % vergrößern
Umhängetasche mit Blüte
SEITE 16

Hersteller- und Bezugsadressen

Die angegebenen, in Deutschland gut erhältlichen Alternativgarne von Coats der Marken Schachenmayr, Gedifra, Schachenmayr Wash+Filz-it! bekommen Sie im Fachhandel oder in jeder gut sortierten Fachabteilung. Weitere Informationen hierzu finden Sie unter www.coatsgmbh.de.

VERTRIEBSADRESSEN DER DÄNISCHEN GARNE IN DEUTSCHLAND:

Filcolana
www.filcolana.dk

Bollmann und Schweiger
Weesries 6
24999 Wees
Tel.: 04631/1366

Gutes aus Wolle
Grellsbüller Str. 6
25923 Humptrup
Tel.: 04663/7591
www.gutes-aus-wolle.de

BC Garn
http://garnnoeglet.dk/haandstrikkegarn/bc_garn_da/

Sticklise
Auguststraße 4
23611 Bad Schwartau
Tel.: 0451/208773

Swedenform
Spatzenweg 12
89160 Dornstadt
Tel.: 07304/919137
www.swedenform.de

Grønhøj Garn/Hjertegarn
www.hjertegarn.dk
Garnkarten unter http.//cms.hjertegarn.dk
www.garnlageret-aarhus.dk

Ib's
Diese Wolle ist nur direkt bei der Autorin erhältlich, die auch alle anderen Originalgarne führt.

Der var engang
v/Bente Lavsen
Frederiksgårds Alle 1
2720 Vanløse
DÄNEMARK
www.dervar1gang.dk

Ergänzende Materialangaben sowie weitere Informationen finden Sie auf unserer Website unter www.frechverlag.de/topp-handarbeiten/buchbesprechungen/index.htm.

Hilfestellung zu allen Fragen rund um das Material erhalten Sie beim Kreativ-Service. Frau Erika Noll berät Sie gerne!

Tel.: **0 50 52 / 91 18 58*** * normale Telefongebühren

Wir haben versucht, so nah wie möglich an der Originalwolle zu bleiben, und die Garne nach bestem Wissen und Gewissen ausgesucht. Die angegebenen Alternativgarne können jedoch Farbabweichungen oder Programmänderungen unterliegen. Prüfen Sie also beim Kauf, ob Ihnen die Farben so gefallen und Ihren Vorstellungen entsprechen. Vielleicht gefällt Ihnen eine ganz andere Kombination noch besser. Möglicherweise stoßen Sie auch auf neue, tolle Farben oder Qualitäten, die Ihnen noch besser gefallen. Sie sind völlig frei. Wichtig ist nur, dass Sie bei mehrfarbigen Taschen die gleiche Qualität verwenden, damit das Gestrickte sich gleichmäßig verfilzt. Falls Sie Ihre Tasche zweimal filzen, beachten Sie, dass sie nicht nur fester, sondern auch kleiner wird, denn manche Garne sehen richtig gut aus, wenn sie zweimal gefilzt werden. Es empfiehlt sich also, mit der Größe und der Wollmenge ein wenig flexibel zu sein. Nehmen Sie lieber ein Knäuel mehr mit. Bei aller Experimentierfreudigkeit möchten wir Ihnen aber noch einmal ans Herz legen, keine Superwash-Wolle zu verwenden und am besten reine Wolle bzw. Wolle mit hohem Wolleanteil zu verstricken, da diese am besten filzt.

Wir danken der Firma Coats für die Unterstützung bei diesem Buch: Coats GmbH Salach; www.coatsgmbh.de.

Dank an „Tussen" für Ideen zu diesem Projekt und fürs Abholen und Bringen, an Sofie, weil sie auf Ollie aufgepasst hat, an David, weil er uns bewirtet hat – und Dank an Gugu, weil Sie mit ihrem künstlerischen Blick noch einmal über alle Projekte geschaut hat.

IMPRESSUM

TEXT: © Fie und Bente Lavsen

ÜBERSETZUNG: Claudia Böhme, Hannover

PROJEKTMANAGEMENT UND LEKTORAT: Giovanna Lo Presti

LAYOUT: Petra Theilfarth

FOTOS: © Claus Dalby

DRUCK UND BINDUNG: Finidr s.r.o., Cesky Tesin, Tschechische Republik

Die dänische Originalausgabe erschien unter dem Titel *Varme tasker* bei Forlaget Klematis A/S (www.klematis.dk).

Diese Ausgabe wurde vermittelt durch Claudia Böhme Rights & Literary Agency, Hannover (www.agency-boehme.com).

Auflage:	6.	5.	4.	3.	2.	
Jahr:	2013	2012	2011	2010	2009	[Letzte Zahlen maßgebend]

ISBN 978-3-7724-6549-9
Best.-Nr. 6549